AF282953

Aseguramiento del entorno de trabajo para el equipo asistencial y el paciente

Alexandra Hernández Burgos

ic editorial

Presentación del manual

El **Certificado de Profesionalidad** es el instrumento de acreditación, en el ámbito de la Administración laboral, de las cualificaciones profesionales del Catálogo Nacional de Cualificaciones Profesionales adquiridas a través de procesos formativos o del proceso de reconocimiento de la experiencia laboral y de vías no formales de formación.

El elemento mínimo acreditable es la **Unidad de Competencia.** La suma de las acreditaciones de las unidades de competencia conforma la acreditación de la competencia general.

Una **Unidad de Competencia** se define como una agrupación de tareas productivas específica que realiza el profesional. Las diferentes unidades de competencia de un certificado de profesionalidad conforman la **Competencia General,** definiendo el conjunto de conocimientos y capacidades que permiten el ejercicio de una actividad profesional determinada.

Cada **Unidad de Competencia** lleva asociado un **Módulo Formativo,** donde se describe la formación necesaria para adquirir esa **Unidad de Competencia,** pudiendo dividirse en **Unidades Formativas.**

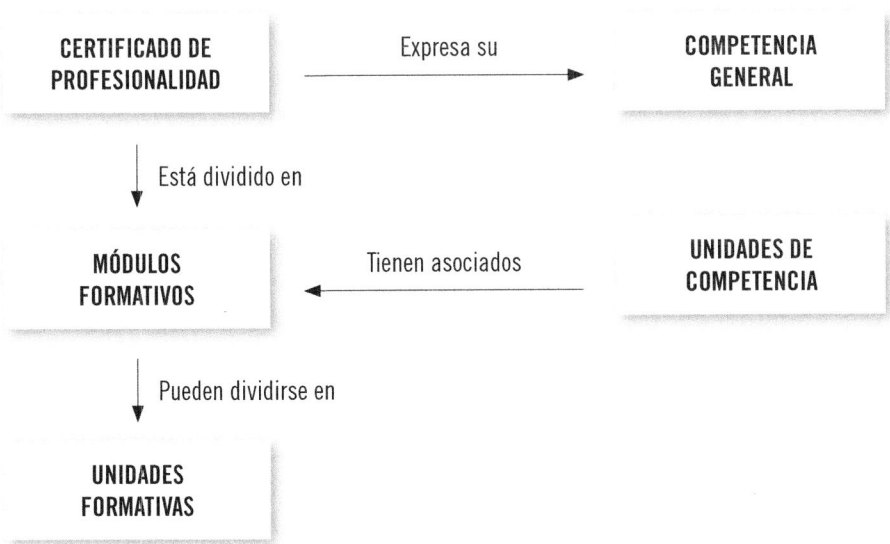

El presente manual desarrolla la Unidad Formativa **UF0682: Aseguramiento del entorno de trabajo para el equipo asistencial y el paciente,**

perteneciente al Módulo Formativo **MF0071_2: Técnicas de inmovilización, movilización y traslado del paciente,**

asociado a la unidad de competencia **UC0071_2: Técnicas de inmovilización, movilización y traslado del paciente,**

del Certificado de Profesionalidad **Transporte sanitario**

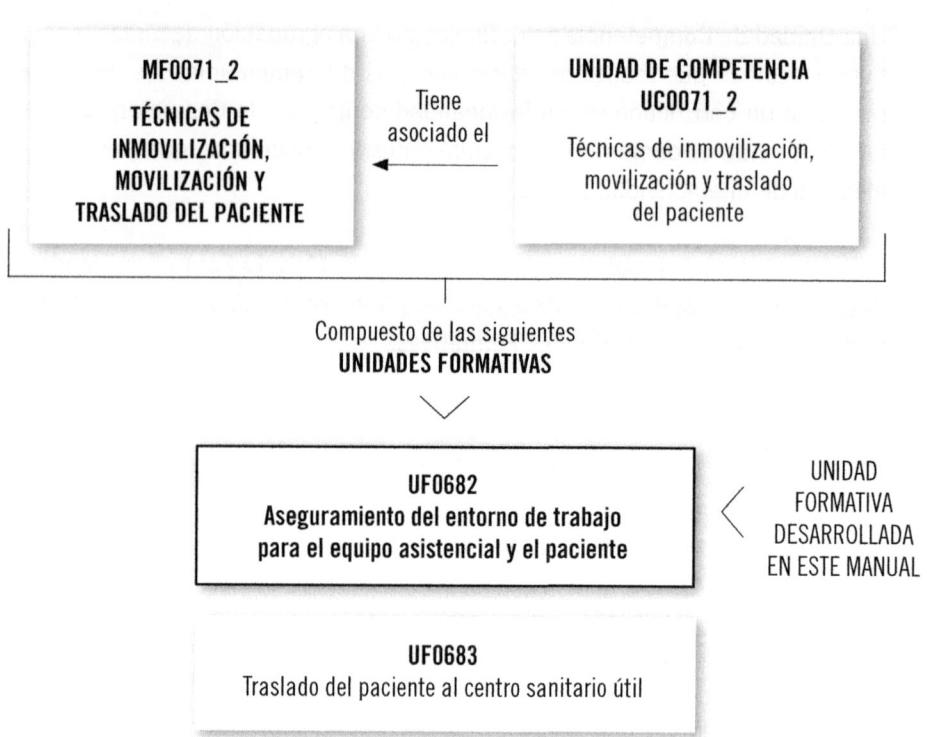

FICHA DE CERTIFICADO DE PROFESIONALIDAD

(SANT0208) TRANSPORTE SANITARIO (18/02/2008)

COMPETENCIA GENERAL: Mantener preventivamente el vehículo y controlar la dotación material del mismo, realizando atención básica sanitaria en el entorno pre-hospitalario, trasladando al paciente al centro sanitario útil

Cualificación profesional de referencia		Unidades de competencia	Ocupaciones o puestos de trabajo relacionados:
SAN025_2:TRANSPORTE SANITARIO (R. D. 295/2004 de 20 de febrero. BOE 9-03-04)	UC0069_1:	Operaciones de mantenimiento preventivo del vehículo y control de su dotación material	• 5112.003.0: Auxiliar del transporte sanitario • 5112.003.0: Ayudante de ambulancia • 8610.003.6 Conductor de ambulancias • Transporte sanitario programado y Transporte sanitario urgente, con equipos de soporte vital básico y equipos de soporte vital avanzado
	UC0070_2:	Técnicas de soporte vital básico y de apoyo al soporte vital avanzado	
	UC0071_2:	Técnicas de inmovilización, movilización y traslado del paciente	
	UC0072_2:	Técnicas de apoyo psicológico y social en situaciones de crisis	

Correspondencia con el Catálogo Modular de Formación Profesional

Módulos certificado	Unidades formativas	Horas U.F.
MF0069_1: Operaciones de mantenimiento preventivo del vehículo y control de su dotación material	UF0679: Organización del entorno de trabajo en transporte sanitario	40
	UF0680: Diagnosis preventiva del vehículo y mantenimiento de su dotación material	60
MF0070_2: Técnicas de soporte vital básico y de apoyo al soporte vital avanzado	UF0681: Valoración inicial del paciente en urgencias o emergencias sanitarias	50
	UF0677: Soporte vital básico	60
	UF0678: Apoyo al soporte vital avanzado	50
MF0071_2: Técnicas de inmovilización, movilización y traslado del paciente	UF0682: Aseguramiento del entorno de trabajo para el equipo asistencial y el paciente	40
	UF0683: Traslado del paciente al centro sanitario útil	60
MF0072_2: Técnicas de apoyo psicológico y social en situaciones de crisis		40
MP0140: Prácticas profesionales no laborales de transporte sanitario		160

| III

Índice

Capítulo 4
Prevención de riesgos laborales en la evacuación de pacientes

Capítulo 1
Acondicionamiento del entorno de intervención en la evacuación de pacientes

Contenido

1. Introducción

A medida que la sociedad en general evoluciona se hace imprescindible la actuación eficaz en situaciones de emergencia o catástrofe para paliar o controlar la situación antes de que esta alcance grandes magnitudes.

Para conseguir esto, se hacen necesarias la capacitación y entrenamiento del personal que desee ingresar en el ámbito del transporte sanitario. Pasadas las evaluaciones teóricas y prácticas estarán completamente preparados para acudir de manera organizada y de la mano de un equipo interdisciplinario a prestar los servicios necesarios a las posibles víctimas que se puedan presentar en las diferentes situaciones de emergencia. Cada uno de los miembros o entidades intervinientes sabrá cuál es su cometido para no interferir o duplicar medios y esfuerzos.

El espacio donde se realizará la primera intervención será en principio un lugar peligroso, pues el producto o elemento que ha dañado a la víctima estará presente y es posible que pueda afectar al equipo de transporte sanitario. Estos peligros pueden ser desde accidentes de tráfico hasta riesgos NRBQ (nuclear, radiactivo, biológico y químico).

Al tener el conocimiento y entrenamiento sobre los temas anteriormente mencionados, el personal estará capacitado para ejercer las actividades específicas de cada emergencia que se pueda presentar.

2. Concepto transporte sanitario

El transporte sanitario se puede definir como el medio por el cual se desplazan personas que sufren un trastorno de salud. Según la Organización Mundial de la Salud (OMS), este trastorno:

Es la alteración de los estados físico, mental y social del ciudadano.

El transporte sanitario más utilizado es el terrestre. Este medio, igual que el aéreo, tiene grandes efectos secundarios que se pueden ver reflejados en la víctima y el equipo de transporte sanitario. Estos se deben a una cadena de energías y variaciones físicas como son la energía cinética, que incluye las aceleraciones y desaceleraciones; la mecánica, que envuelve las vibraciones y los ruidos; y, por último, las variaciones térmicas como el frío y el calor.

Estos efectos secundarios se dan por duplicado en el paciente crítico, y exigen al personal sanitario una serie de conocimientos que van desde las medidas posturales hasta las técnicas de conducción determinada para cada caso específico.

 **Recuerde**

Los efectos secundarios producidos por la energía cinética se duplican en el paciente crítico, de ahí la importancia de los conocimientos que debe tener el equipo sanitario para brindar una atención eficaz.

Se consideran pacientes de traslado todas aquellas personas enfermas o accidentadas que no pueden valerse por sí mismas; el traslado se realizará en vehículos que están acondicionados para este fin, llamados ambulancias. Estos aspectos los regula el *Real Decreto 22/2014, de 17 de enero, por el que se modifica el Real Decreto 836/2012, de 25 de mayo,* por el que se establecen las características técnicas, el equipamiento sanitario y la dotación de personal de los vehículos de transporte sanitario por carretera.

También se utiliza el transporte sanitario aéreo; su uso tiene un coste elevado y solo se realizará en situaciones de difícil acceso terrestre, politraumatismos que requieran atención especializada urgente y traumatismo pediátricos.

En algunos casos, se requiere la actuación conjunta con el transporte sanitario terrestre.

Transporte sanitario aéreo

3. Situaciones de emergencia y acondicionamiento de un entorno seguro

Una situación de emergencia es cualquier momento en el cual una o varias personas precisan de una atención urgente, ya sea sanitaria, de seguridad, social o de rescate.

Las emergencias pueden ser de muchos tipos, como:

- Accidente de tráfico
- Incendios
- Explosiones
- Emergencia sanitaria
- Accidente laboral
- Amenaza de bomba
- Robo
- Escapes de sustancias tóxicas o peligrosas
- Catástrofe natural
- Etc.

Cada situación de emergencia, sea cual sea, precisa de una atención urgente por parte del equipo sanitario.

La **zona de actuación** es el lugar donde se realizará la atención y su entorno.

El primer paso en cualquier actuación es la protección del interviniente y de las víctimas. Para conseguir esa seguridad, el profesional debe situarse rápidamente en el entorno e identificar los riesgos que pueda haber en el mismo. Esta identificación del entorno debe realizarse incluso antes de la aproximación al lugar del suceso, para ir prevenido y poder actuar ante cualquier incidente que pueda poner en peligro la seguridad del profesional y la de terceros mediante una evaluación de riesgos.

4. Técnicas de protección de víctimas e intervinientes mediante la ubicación del vehículo asistencial en la zona de actuación

En el desarrollo de la actuación asistencial es importante estar atento al **estacionamiento del vehículo,** debido a que no en todas las situaciones que necesitan la atención por parte del equipo sanitario se estacionará de la misma manera. Hay que tener presente la protección no solo de la víctima o paciente, sino del equipo sanitario completo para poder brindar la mejor atención en la zona a intervenir.

4.1. Distancia y posición del vehículo

Cuando hay un aviso para **atención domiciliaria,** se deberá detener la ambulancia en un sitio donde se permita la actuación del equipo sanitario. Si por algún motivo se ve obstaculizada la circulación se debe solicitar la presencia de la Guardia Civil, Policía Local, Policía Autónoma, etc. Se deben dejar en funcionamiento las señalizaciones luminosas y las luces intermitentes de avería mientras se presta la atención en el domicilio.

Habrá que estar atento y ser cuidadoso; se deben cerrar todas las puertas de la ambulancia para evitar robos, que pueden ser del propio vehículo, los medicamentos, monitores, desfibrilador, camillas, etc., pues su coste es bastante elevado.

En el caso de **accidente de tráfico** los encargados de señalizar la zona e indicar el lugar donde se debe aparcar la ambulancia son los cuerpos de seguridad encargados del tráfico: Guardia Civil, Policía Local, Policía Autonómica, etc. En ausencia de estos, si la ambulancia es la primera en llegar al lugar del accidente, deberá asegurar la zona de actuación para realizar la asistencia sin riesgos.

En el caso de accidentados situados en el arcén, acera, calzada o fuera de la vía, lo primero que se hace es señalizar la maniobra de detención del vehículo. Para asegurar la zona, se utilizarán reiterativamente las luces de frenado y los intermitentes situados en el lado en el que se va a estacionar el vehículo asistencial.

Cuando hay un accidente **en la calzada,** el vehículo asistencial debe estacionarse siempre fuera de la calzada y, si no fuera posible, en el arcén o en la calzada, si no hubiera presencia policial. La forma más segura de actuar es detener la ambulancia antes del accidente, a una distancia mínima de 25 m del siniestro.

Recuerde

La ubicación del vehículo y la señalización dependerán del tipo de accidente, no en todos los casos es igual.

Si la víctima se encuentra **en el arcén,** se detiene la unidad y se sitúa de tal manera que constituya una barrera. La distancia entre la ambulancia y el sitio del siniestro será, como mínimo, de 28 m si no existe presencia policial; y si existiera, se detendrán en el lugar que ellos indiquen, siempre y cuando no suponga un riesgo para la integridad del equipo sanitario.

Ambulancia detenida en vía de dos sentidos

Con pacientes que se encuentren **en la acera** se actuará del mismo modo, pero no será necesario guardar ninguna distancia de seguridad, ya que el campo de trabajo estará fuera de peligro.

La ambulancia debe cortar, como mínimo, la circulación del carril afectado por el accidente, con la puerta lateral hacia la zona asegurada, para poder subir y bajar de la unidad sin riesgo para el personal y las posibles víctimas.

Para realizar esta técnica, se debe dejar la ambulancia con los rotativos encendidos a una distancia mínima de 25 m del accidente, en un ángulo de 25° o 30° con la puerta lateral hacia el mismo. A una distancia mínima de 50 m antes de la ambulancia se colocarán los triángulos informativos de avería que todos los automóviles deben llevar.

Consejo

Se debe solicitar que la policía de tráfico encargada de la vía se persone y asegure la zona lo más pronto posible.

En caso de **vía de dos sentidos,** se deberá señalizar con el otro triángulo a un mínimo de 50 m después del accidente en el sentido contrario.

En accidente en **vía rápida** o **autovía,** la primera señalización se colocará a 600 m y la segunda a 300 m del accidente. En la señalización de precaución se encontrarán: triángulos de emergencia, conos, etc. También hacen parte de la señalización los dispositivos luminosos del vehículo.

En todos los casos anteriores quien se encargará de colocar los triángulos será el técnico en transporte sanitario.

*Colocación de los
triángulos de emergencia*

Aplicación práctica

El centro hospitalario San Juan ha recibido una llamada de emergencia de un testigo que describe un accidente de tráfico en la avenida 1 de mayo, de Málaga. Usted es el técnico en transporte sanitario de guardia que atiende la llamada de emergencia. Según el testigo, el accidente se produjo en el arcén del carril derecho, pero no puede ver cuántas víctimas hay. ¿Cuál cree usted que debe ser su intervención al llegar a la zona de actuación?

SOLUCIÓN

Lo primero, situarse rápidamente en el entorno e identificar los riesgos que pueda haber, incluso antes de llegar a la zona de actuación.

Al llegar a la zona del accidente deben estar los encargados de señalizar la zona y de indicar el lugar donde se debe aparcar la ambulancia, en este caso los cuerpos de seguridad encargados del tráfico. En ausencia de estos y si la ambulancia es la primera en llegar al lugar del accidente, deberá asegurar la zona de actuación para realizar la asistencia sin riesgos. Como se indica que el accidente fue en el arcén, la primera actuación será señalizar la maniobra de detención del vehículo, situándolo de tal manera que constituya una barrera. La distancia entre la ambulancia y el sitio del siniestro será como mínimo de 28 m cuando no existe presencia policial y sino en el lugar que ellos indiquen, siempre y cuando no suponga un riesgo para la integridad del equipo sanitario.

Después de esto, se atenderá a las personas que lo necesiten.

4.2. Material para generar un entorno seguro en la asistencia

Cada vez que se realiza cualquier tipo de actuación se debe ofrecer el mejor servicio durante la asistencia domiciliaria, en la vía pública, carretera o autovía. Por ello, es indispensable la utilización de todos los equipos y medios de protección disponibles, adaptando cada uno a la ocasión que se presenta. Estos medios de protección se clasifican en medios de seguridad activa y pasiva.

La **seguridad activa** es el conjunto de mecanismos o dispositivos cuyo cometido es disminuir el riesgo y evitar que se produzca un accidente. Aquí se encontrarán todas las señales luminosas y sonoras que estén disponibles para conseguir ser vistos y oídos. La señalización se duplicará en circunstancias adversas como lluvia, niebla, etc., debido a la escasa visibilidad con la que se cuenta. Los triángulos de avería deben ser reflectantes y también se utilizarán focos de iluminación, linternas, etc.

Es importante quitar la llave del contacto e intentar desconectar la batería de todos los vehículos afectados y si hay algún tipo de derrame (aceite, gasolina, etc.) se señalizará o se intentará tapar con arena hasta que lleguen los bomberos.

 Importante

Queda prohibido fumar en la zona del accidente y sus alrededores.

La seguridad pasiva se refiere a aquellos dispositivos o sistemas que están diseñados para proteger a los ocupantes de un vehículo una vez que se ha producido un accidente. Los ejemplos clásicos de seguridad pasiva en el ámbito vehicular incluyen:

- **Cinturones de seguridad:** su función principal es mantener a los ocupantes en sus asientos durante un accidente, reduciendo el riesgo de lesiones graves.
- *Airbags:* dispositivos inflables que se activan durante una colisión para proteger la cabeza, el cuello y el torso de los ocupantes.
- **Estructura del vehículo:** la carrocería y los materiales de absorción de impactos que están diseñados para deformarse de manera controlada durante un choque, disminuyendo el impacto sobre los ocupantes.
- **Asientos y reposacabezas:** están diseñados para reducir las lesiones cervicales en caso de un choque trasero (latigazo cervical).
- **Barras antivuelco (en vehículos todoterreno o camiones):** ayudan a evitar que el vehículo se deforme o se vuelque, protegiendo a los ocupantes.
- **Sistemas de anclaje para niños *(isofix):*** aseguran a los niños de forma más efectiva durante un accidente.

4.3. Técnica de señalización y balizamiento

Las técnicas de señalización y balizamiento se deben adaptar al tipo de vía, la situación de la ambulancia o señalización del accidente, siendo cada una muy diferente, aunque todos poseen una estructura común.

Esta estructura común es:

- Los servicios de extinción deben situarse lo más cerca posible del accidente.
- Los servicios sanitarios se mantendrán delante de los servicios de extinción o detrás del accidente.
- Los cuerpos de seguridad encargados del tráfico se ubicarán entre los intervinientes y el tráfico abierto, para poder regularlo y asegurar la zona de actuación.

En una vía de una calzada con dos sentidos de circulación, los cuerpos de seguridad encargados del tráfico deben situarse uno a cada lado del accidente para regular la circulación del tráfico en ambos sentidos.

En vía de dos calzadas con un sentido de circulación por calzada, los cuerpos de seguridad encargados del tráfico solo deben ubicarse delante del accidente para poder regular el tráfico.

Cuando hay un accidente en el carril derecho o izquierdo, la zona de actuación se situará en el mismo carril y en el arcén de la vía. En el caso del carril izquierdo, los cuerpos de seguridad encargados del tráfico serán quienes permitan o no la circulación de vehículos por el carril derecho.

Los principales elementos de señalización son los conos y triángulos; los de balizamiento son principalmente las cintas.

También se encuentran incluidas todas las señales luminosas disponibles, como las linternas y especialmente las luces emitidas por la ambulancia (luces intermitentes de avería).

Elementos de balizamiento y señalización y chalecos reflectantes

5. Técnicas de situación y balizamiento ante situaciones especiales

En este apartado se verán las diferentes técnicas de protección, tanto del vehículo como de los distintos materiales a utilizar, ya sea en incendios, accidentes de mercancías peligrosas o accidentes eléctricos, garantizando una mejor intervención del personal sanitario y asegurando una excelente actuación ante las víctimas.

5.1. Incendios

Un incendio es en realidad el calor y la luz (llamas) que se producen cuando un material se quema o pasa por el proceso de combustión.

Un incendio se produce por la presencia de cuatro factores que son:

1. **Combustible:** los más conocidos son carbón, gasolina y madera. En su estado normal, sólido o líquido, ninguno de estos materiales arde, para ello necesitan convertirse antes en gas o estar impregnados de gas.
2. **Calor:** este da la temperatura necesaria para convertir en gas el combustible.
3. **Oxígeno:** para que el fuego arda es necesario el oxígeno, el cual provoca la ignición y que comience la reacción (arder).
4. El último factor para que el fuego arda es una fuente de **ignición.**

 Definición

Ignición
Acción y efecto de estar un cuerpo encendido, si es combustible, o enrojecido por un fuerte calor, si es incombustible.

Clases de fuego

Según se indica en el Real Decreto 513/2017, de 22 de mayo, por el que se aprueba el reglamento de instalaciones de protección contra incendios, en la que se establece la normativa española UNE-EN 2, los incendios se pueden clasificar en cinco categorías y, dependiendo de esta catalogación, se usará un tipo de extintor adecuado para cada tipo de fuego. Las clases de fuego normalizadas son las siguientes:

Incendios	Tipos de materiales
CLASE A	Sólidos de naturaleza orgánica Formación de brasas
CLASE B	Líquidos o sólidos licuables Derivados de hidrocarburos
CLASE C	Equipos eléctricos energizados
CLASE D	Metales
CLASE F	Derivados de cocinar como aceites, grasas vegetales o animales

Tipos de extintores

Los tipos de extintores que hay son los siguientes:

- **Extintor manual a base de polvo bajo presión:** compuesto por polvo químico seco, apto para fuego clase ABC-BC.

■ **Extintor a base de dióxido de carbono:** donde el agente extintor es el dióxido de carbono, para fuegos clase BC.

■ **Extintor manual a base de agua-agua:** donde el agente extintor es el agua, apto para fuegos clase A; agua - AFFF al 6 %, apto para fuegos clase AB, tanto hidrocarburos como alcoholes, y solventes polares clase AB-A.

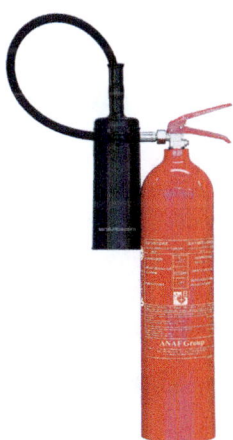

- **Extintor manual a base de HCFC 123 bajo presión:** donde el agente extintor es HCFC 123, apto para fuegos clase ABC.

- **Extintor presurizado a base de polvo bajo presión:** este extintor es apto para apagar fuegos de metales como magnesio, sodio, aluminio, potasio, uranio y aleaciones de los mismos. Para fuegos clase D. Capacidades: 5 y 10 kg.

Medidas de actuación

Existe una serie de reglas que tener en cuenta en los diferentes estados de actuación para el personal sanitario, las cuales aseguran el entorno de trabajo y proporcionan un nivel de seguridad para el desempeño del mismo sin posibilidad de riesgo alguno.

Estas normas son las siguientes:

- La ambulancia no debe estar aparcada a una distancia inferior a 75 m del punto de incendio, teniendo en cuenta que siempre debe estar estacionada a espaldas del fuego y en zonas más altas y alejadas de cualquier tipo de derrame de combustible. Si existiesen víctimas cerca del incendio, se tratarán de alejar todo lo posible y, en caso de ser necesario, se utilizara el extintor de forma adecuada. Se tendrá especial cuidado de no abrir vías de ventilación para no agravar la situación.
- Una vez estacionada la ambulancia, se cortará el tráfico en ambos sentidos y se balizará la zona, teniendo en cuenta el perímetro de seguridad que se calculará con centro en los postes caídos y cuyo radio será la longitud del tramo de cable caído.
- Durante la estabilización del vehículo, el principal fin será conseguir el mayor número de apoyos posibles, para un mejor entorno de trabajo seguro.
- Aunque el vehículo esté estabilizado, si se encuentra en zona de pendiente o rampa, se evitará trabajar por debajo del mismo para evitar arrastres por deslizamientos.

Triage

El triage es el método por el cual se realiza una clasificación, dependiendo del grado de complicación que presente el paciente, con el fin de brindar una valoración rápida y exhaustiva.

Recuerde

Al realizar un buen balizamiento de la zona de actuación se disminuirá el riesgo de posibles accidentes.

5.2. Accidentes de mercancías peligrosas

Las mercancías peligrosas son aquellas que se consideran perjudiciales si en su fabricación, transporte o manejo para almacenarlas desprenden gases, vapores, humos, partículas nocivas, líquidas, irritantes, corrosivas, explosivas, tóxicas, asfixiantes o de naturaleza peligrosa en cantidades suficientes que puedan afectar a cualquier ser vivo animal o vegetal.

Vehículo de transporte de mercancías peligrosas

Paneles y etiquetas de peligro en los vehículos de transporte de mercancías peligrosas por carretera

Para una correcta identificación se coloca en diferentes lugares de las unidades de transporte una serie de carteles que sirven para identificar a simple vista el tipo de materia que transporta y su peligrosidad. Dichos carteles son de dos tipos: los paneles naranja y las etiquetas de peligro.

Los paneles naranja

Como se aprecia en la figura, se colocan en el plano anterior y posterior de la unidad, son rectangulares, de color naranja, y en su interior llevan dos números.

El número superior indica el peligro y el inferior la materia.

Número de identificación de peligro (2 o 3 cifras)
Número de identificación de la materia (4 cifras)

El número superior se compone de 2 o 3 cifras que tienen el significado que aparece en la siguiente tabla:

Cifras de peligro	Significado
2	Emanación de gas resultante de presión o de una reacción química.
3	Inflamabilidad de materias líquidas (vapores) y gases o materia líquida susceptible de autocalentamiento.
4	Inflamabilidad de materia sólida o materia sólida susceptible de autocalentamiento.
5	Materia comburente (favorece incendios).
6	Toxicidad o peligro de infección.
7	Radioactividad.
8	Corrosividad.
9	Peligro de reacción violenta espontánea.

Las etiquetas de peligro

Las etiquetas de peligro se dividen en clases. En las siguientes tablas se muestran cada una de ellas con su significado correspondiente:

Clase 1. Materias y objetos explosivos

Etiqueta	Significado	Etiqueta	Significado
Nº 1 Explosivo	Nº 1: Riesgo de explosión, divisiones 1.1, 1.2 y 1.3	Nº 1.4 Explosivo	Nº 1.4: Riesgo de explosión, división 1.4
Nº 1.5 Explosivo	Nº 15: Riesgo de explosión, división 1.5	Nº 1.6 Explosivo	Nº 1.6: Riesgo de explosión, división 1.6
Nº 01 Peligro de explosivo	Nº 01: Peligro de explosión		

Clase 2. Gases

Etiqueta	Significado	Etiqueta	Significado
Nº 2 Gas no inflamable y no tóxico	Nº 2: Gas no inflamable y no tóxico	Nº 2 Gas no inflamable y no tóxico	Nº 2: Gas no inflamable y no tóxico

Clase 3. Materias líquidas inflamables

Etiqueta	Significado	Etiqueta	Significado
Nº 3 Materia líquida inflamable peligro de fuego	Peligro de fuego: materia líquida inflamable	Nº 3 Materia líquida inflamable peligro de fuego	Peligro de fuego: materia líquida inflamable

Clase 4.1. Materias sólidas inflamables

Etiqueta	Significado
Nº 4.1 Materia sólida inflamable	Peligro de fuego: materia sólida inflamable

Clase 4.2. Materias susceptibles de inflamación espontánea

Etiqueta	Significado
Nº 4.2 Materia inflamación espontánea	Materia susceptible de inflamación espontánea

Clase 4.3. Materias que al contacto con el agua desprenden gases inflamables

Etiqueta	Significado	Etiqueta	Significado
Nº 4.3 Desprende gases inflamables en contacto con el agua	Peligro de emanación de gas inflamable al contacto con el agua	Nº 4.3 Desprende gases inflamables en contacto con el agua	Peligro de emanación de gas inflamable al contacto con el agua

Clase 5.1 y 5.2. Materias comburentes y peróxidos orgánicos

Etiqueta	Significado	Etiqueta	Significado
Nº 5.1 Materia comburente favorece la combustión	Materia comburente	Nº 5.2 Peróxido orgánico peligro de incendio	Peróxido orgánico: peligro de incendio
Nº 05. Peligro de activación de un incendio	Peligro de activación de incendio		

Clase 6.1 y 6.2. Materias tóxicas e infecciosas

Etiqueta	Significado	Etiqueta	Significado
Nº 6.1 Materia tóxica	Materia tóxica: aislarla de productos alimenticios u otros objetos destinados al consumo en los vehículos, sobre loslugares de carga, descarga o transbordo	Nº 6.2 Materia infecciosa	Materias infecciosas: se mantendrán aislados de productos alimenticios u otros objetos destinados al consumo en los vehículos, sobre los lugares de carga, descarga o transbordo

Clase 7. Materias radiactivas

Etiqueta	Significado	Etiqueta	Significado
Nº 7.1 Materia radiactiva	Materia radiactiva en bultos de la categoría I-BLANCA; en caso de avería en los bultos, peligro para la salud en caso de ingestión, inhalación o contacto con la materia derramada	Nº 7.2 Materia radiactiva	Materia radiactiva en bultos tipo II-AMARILLA, bultos que se mantendrán alejados de los que lleven una etiqueta conla inscripción "FOTO"; en caso de avería en el bulto, peligro para la salud por ingestión, inhalación o contacto con la materia derramada, así como riesgo de irradación externa a distancia

Clase 8. Materias corrosivas

Etiqueta	Significado
Nº 8.1 Materia corrosiva	Materia corrosiva

Importante

Saber identificar los paneles informativos de mercancías peligrosas ayuda a evaluar la zona de actuación.

Actuaciones básicas en accidentes de vehículos de mercancías peligrosas por carretera

Se definen cinco tipos de emergencias, según los daños producidos en el vehículo y su entorno. En cada tipo se tomarán diferentes medidas. Los tipos y las medidas se exponen en los siguientes cuadros.

Vehículo de carga peligrosa donde se observan el panel naranja, en la parte delantera, y la etiqueta de peligro, en el lateral.

La siguiente tabla muestra la clasificación de las emergencias según el tipo que sea:

Tipo 1	Avería o accidente. El vehículo no puede continuar la marcha. El continente (vehículo) y el contenido (cargamento) están en perfecto estado.
Tipo 2	Como consecuencia del accidente, el continente ha sufrido desperfectos, pero no existe fuga o derrame del contenido.
Tipo 3	Como consecuencia del accidente, el continente ha sufrido desperfectos y existe fuga o derrame del contenido.
Tipo 4	Como consecuencia del accidente, existen daños o incendio en el continente y fuga encendida del contenido.
Tipo 5	Como consecuencia del accidente, su contenido ha hecho explosión.

La siguiente tabla muestras las medidas que hay que tomar ante las emergencias especificadas en el cuadro anterior:

Tipo de emergencia	Medidas a tomar
Tipo 1	- Señalizar la zona. - Vigilar que el continente y el contenido estén en un lugar seguro. - Avisar al expedidor o propietario de la mercancía, si procede.
Tipo 2	- Señalizar la zona. - Avisar al expedidor y transportista, si procede. - Trasladar el continente y el contenido a lugar seguro si es posible.
Tipo 3	- Corte del tráfico. - Evacuación. - Trasladar el continente y el contenido a lugar seguro y sin habitar, si es posible. - Avisar al expedidor y transportista. - Constituir el retén de bomberos.
Tipo 4	- Corte de tráfico. - Evacuar heridos a lugar seguro. - Refrigerar la cisterna, si es posible. - No utilizar agua si hay una X en el panel de identificación del peligro para la extinción del incendio. - Actuar según las instrucciones para accidente de fuga encendida. - Avisar al expedidor o propietario de la mercancía.
Tipo 5	- Corte de tráfico. - Auxiliar y evacuar a las víctimas. - Extinguir incendios provocados por explosión. - Albergar a los afectados. - Controlar efectos secundarios. - Avisar al expedidor o propietario de la mercancía. - Ante el accidente de un vehículo de mercancías peligrosas que se encuentre en posición inestable, en primer lugar, se debe garantizar su estabilidad. Para ello, se utilizarán cuerdas y sogas, puntales y tacos de madera y se tratará de asegurar el vehículo sujetándolo a algún elemento que impida que este se pueda mover o rodar sobre alguno de sus costados. De esta manera, se pretende conseguir la máxima seguridad posible para la actuación del equipo sanitario y prevenir más lesiones sobre los ocupantes del vehículo.

Intervención en accidentes con materias peligrosas

Para poder actuar de forma segura ante situaciones adversas debemos asegurarnos, como personal sanitario, de tomar las suficientes suficientes medidas de prevención y protección para el manejo de mercancías peligrosas, evitando posibles contagios y exposiciones innecesarias a sustancias nocivas para la salud de los equipos sanitarios y las víctimas. Los equipos de protección son:

- Uniformes de intervención o de trabajo fuera de la zona dañada, como:

  - Equipos de protección química en las intervenciones sin incendio en la zona de daños.
  - Equipos antifuego en las intervenciones con incendio en la zona de daños.

Equipo de protección personal

- Aparatos de respiración autónomos, como explosímetro y aparato de detección de gases.

Para señalizar, cortar la vía y desviar el tránsito se hace lo siguiente:

1. Distancia de aproximación de seguridad 50-60 m.
2. Permanecer en el costado del cual sople el viento.
3. Mantener lejos las fuentes de ignición, apagar el motor y prohibir fumar.
4. Utilizar aparatos de iluminación, eléctricos y herramientas antidefla-grantes.
5. Avisar a todas las personas del peligro de auto-inflamación.
6. Evacuar la zona de daños y la zona habitada en caso necesario, según la situación.

5.3. Accidentes eléctricos

La definición de accidente eléctrico es la acción de recibir una descarga eléctrica con o sin daños materiales o personales.

Electricidad

Es la propiedad física generada por el movimiento de las cargas positivas y negativas (protones y neutrones), la cual se puede manifestar en reposo (electricidad estática) o en movimiento (corriente eléctrica).

Accidente eléctrico

Los **tipos de electricidad** son:

- **Corriente continua:** tensión, intensidad de corriente y resistencia no varían.
- **Corriente alterna:** tensión y corriente varían en forma periódica a lo largo del tiempo.
- **Corriente alterna monofásica:** 220 V y 50 Hz.
- **Corriente alterna trifásica:** 380 V y 50 Hz.

Los **niveles de tensión** son:

- **Muy baja tensión (MBT):** corresponde a las tensiones hasta 50 V en corriente continua o iguales valores eficaces entre fases en corriente alterna.
- **Baja tensión (BT):** corresponde a tensiones por encima de 50 V y hasta 1.000 V en corriente continua o iguales valores eficaces entre fases en corriente alterna.
- **Media tensión (MT):** corresponde a tensiones por encima de 1.000 V y hasta 36.000 V.
- **Alta tensión (AT):** corresponde a tensiones por encima de 36.000 V.
- **Tensión de seguridad:** en los ambientes secos y húmedos se considerará como tensión de seguridad hasta 24 V respecto a tierra.

Los **efectos** que pueden producir los accidentes de origen eléctrico dependen de:

- La intensidad de la corriente.
- La resistencia eléctrica del cuerpo humano.
- La tensión de la corriente.
- La frecuencia y forma del accidente.
- El tiempo de contacto.
- La trayectoria de la corriente en el cuerpo.

Todo accidente eléctrico tiene su origen en un defecto de aislamiento y la persona se transforma en una vía de descarga a tierra.

Prevención de riesgos eléctricos

Como en toda actuación frente a un accidente, existe una serie de factores fundamentales a tener en cuenta por los servicios sanitarios, los cuales han de seguirse prioritariamente al pie de la letra para una completa intervención en un entorno seguro y más aun cuando todo el material peligroso está totalmente esparcido por el suelo. En los casos de **cercanía de cables del tendido eléctrico caídos** se deben seguir las siguientes normas de actuación:

- Lo primero que se debe realizar es estacionar la ambulancia en lugar seguro, no penetrando en la zona de intervención para evitar electrocuciones. Dar aviso para el corte de suministro eléctrico. No entrar en la zona hasta no tener confirmación del corte del mismo.
- Una vez estacionada la ambulancia, detener el tráfico en ambos sentidos y balizar la zona. Evitar el acceso a toda persona ajena a las tareas de auxilio y socorro.
- Evitar tocar ningún cable. La manipulación de los mismos han de hacerla los técnicos de la compañía eléctrica. Si hubiese vehículos dentro de la zona de actuación, se les evacuará de forma organizada a un área más segura y se les informará de que no abandonen el mismo por su seguridad, dado que las ruedas actúan como aislante y les protegen.
- Nunca utilizar agua para sofocar los posibles incendios de estas características.
- Por norma general todos los circuitos llevan corriente hasta que no sean chequeados y asegurados.
- Norma fundamental es utilizar el material de seguridad adecuado (guantes, protectores visuales y ropa específica).

Zona balizada y señalizada

 **Importante**

Se debe asegurar siempre que el suministro eléctrico está cortado antes de actuar.

6. Procedimientos ante riesgos NRBQ (nuclear, radiactivo, biológico y químico)

Cabe pensar ante estos riesgos que cuanto más rápida sea la intervención, menores serán los daños provocados por estos agentes y pensar así es un completo error, dado que influyen varios factores de actuación que, junto a la colaboración de los diversos cuerpos de seguridad, la preparación de los mismos con un protocolo y el material necesario, conforman el conjunto de medidas idóneas para afrontar estas emergencias.

No es una situación muy común, pero por su gravedad y repercusión se hace necesario tener las siguientes medidas básicas de protección:

- Evitar cualquier contacto con la sustancia implicada.
- Cerrar las ventanas del vehículo.
- Cortar el sistema de aire acondicionado y/o calefacción del vehículo.
- El equipo de transporte sanitario se mantendrá todo el tiempo dentro del vehículo hasta que el personal experto indique lo contrario.
- Situarse en contra de la dirección del viento.
- Informar de la situación al centro coordinador para la activación del plan NRBQ.
- Colocarse adecuadamente el equipo de protección y mascarillas NRBQ.
- Respetar estrictamente las indicaciones de los responsables del plan NRBQ.

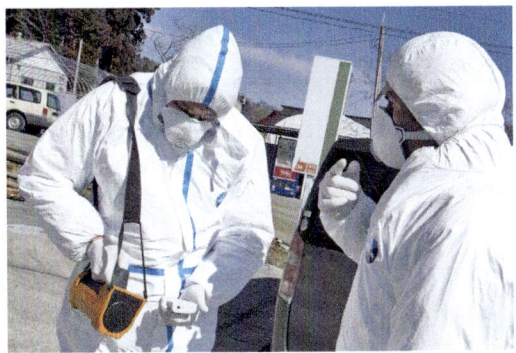

Accidente radiológico

Los **materiales específicos** serán los siguientes:

- Generadores eléctricos y focos.
- Linternas antideflagrantes.
- Señales reflectantes.
- Cinta plástica balizadora.
- Soporte para balizamiento.

Las **medidas a seguir** son las siguientes:

- Se estará atento a las indicaciones del equipo experto que esté haciendo la evaluación del riesgo, ellos decidirán si es necesario utilizar los equipos de protección:

  - Para salir fuera del vehículo y si hay que atender pacientes o contactar con ellos: máscara y traje con guantes obligatorio.
  - Para permanecer en el vehículo: semimáscara y traje con guantes.

- Si la central de bomberos no marca la zona de seguridad, la central de comunicaciones se encargará de ello e informará al responsable de la intervención para que contacte con bomberos en el lugar y recabe información.

Recuerde

Siempre se debe llevar en buen estado el equipo necesario para la intervención en estos tipos de accidentes.

Las **distancias de seguridad** serán:

a. **Incidente menor:** derrame o escape de un depósito y/o recipiente menor o igual a 200 l. En este caso las distancias serán las siguientes:

- En edificio: 50 m.
- En vía pública: 75 m.
- Escape de gas ciudad: 150 m.
- Agresión con *spray:* 25 m.

b. **Incidente mayor:** derrame (líquido) o escape (gas) de un depósito y/o recipiente mayor de 200 l. En este caso las distancias serán las siguientes:

- Con gas:

    a. Industria y/o laboratorio: 300 m.
    b. Transporte de mercancías peligrosas: 300 m.

- Con líquido:

    a. Industria y/o laboratorio: 100 m.
    b. Transporte de mercancías peligrosas: 100 m.
    c. Incendio de un depósito de productos químicos: 600 m.

Las **medidas básicas** para la reducción de la contaminación son:

1. Retirar las prendas exteriores, que posiblemente hayan estado en contacto con el agente y colocarlas en un lugar apartado.
2. Lavar cara y pelo, (comprobando previamente que el producto no reacciona con el agua de modo violento).
3. Enjuagar la boca, (comprobando previamente que el producto no reacciona con el agua de modo violento).
4. Sonar y lavar la nariz, (comprobando previamente que el producto no reacciona con el agua de modo violento).

Duchas de descontaminación

 Aplicación práctica

Se encuentra de servicio en un gran concierto de rock en el Estadio Velódromo de Anoeta. Debido a un fallo técnico, se observa humo detrás del escenario, que es de madera y está decorado con grandes velos. El público, alarmado, no encuentra las salidas de emergencia. ¿Qué tipos de riesgos existen en esta situación? ¿Qué pasos deben seguir los servicios sanitarios, de los que usted forma parte, frente a esta posible situación?

Continúa en página siguiente >>

<< Viene de página anterior

SOLUCIÓN

Los tipos de riesgo son: incendio, accidentes eléctricos y accidentes de mercancías peligrosas.

Ante esta situación las medidas de actuación son:

I Llevar el equipo de seguridad adecuado.
I Balizar una zona segura.
I Avisar a la autoridad competente para el corte del suministro eléctrico sin tocar nada hasta que se produzca.
I Evacuar a las víctimas en la zona del accidente.
I Evaluar la gravedad (triage) de las posibles víctimas.
I Estacionar la ambulancia a unos 75 m del siniestro, de espaldas al humo para evitar intoxicaciones y lesiones.
I Coordinar los traslados de las posibles víctimas a los diferentes centros hospitalarios según el nivel de gravedad.

7. Resumen

En este capítulo se explican los procedimientos a realizar en el lugar de un siniestro. En la valoración inicial de la situación se hará un primer reconocimiento visual para identificar los riesgos que se puedan encontrar en el lugar de la actuación.

Según sea el caso, el estacionamiento del vehículo ha de ser diferente en avisos domiciliarios, accidentes producidos en el arcén, acera o calzada.

Durante la asistencia en cualquier tipo de actuación, ya sea domiciliaria, en vía pública o carretera, se deben utilizar todos los medios de protección disponibles y adaptar cada uno de ellos para la ocasión. Los medios de protección se clasifican en seguridad activa y seguridad pasiva.

Entre las técnicas de situación y balizamiento ante situaciones especiales, se pueden destacar las distintas normas de actuación en incendios, accidentes de mercancías peligrosas, accidentes eléctricos y los procedimientos ante riesgos NRBQ (nuclear, radiológico, biológico o químico).

Ejercicios de repaso y autoevaluación

1. En caso de incendio, ¿a cuántos metros como mínimo se tiene que estacionar la ambulancia?

    a. A 75 m.
    b. A 80 m.
    c. A 90 m.
    d. A 100 m.

2. ¿Cuál de los siguientes es un dispositivo de seguridad activa?

    a. Sirena.
    b. Casco.
    c. Guantes.
    d. Rodilleras.

3. Tienen la responsabilidad de señalizar correctamente el lugar de un siniestro...

    a. ... los bomberos.
    b. ... el personal sanitario.
    c. ... la policía.
    d. ... el personal sanitario y la policía.

4. ¿Dónde se debe estacionar la ambulancia cuando se lleve a cabo una actuación en la calzada?

    a. Dentro de la calzada, en el arcén o en la calzada.
    b. Fuera de la calzada, en el arcén o en la calzada.
    c. En el arcén, fuera de la calzada o dentro de la calzada.
    d. El lugar en el que se estacione la ambulancia es indiferente.

5. Describa las características del panel identificativo de mercancía peligrosa que debe llevar un camión que transporta material de esta clase.

_____

_____

_____

_____

Capítulo 2

Técnicas de descarceración y acceso al paciente

Contenido

1. Introducción

Cada accidente de tráfico constituye un riesgo elevado no solo para la víctima, sino también para el equipo sanitario y los grupos que actúan conjuntamente, como la Guardia Civil, Policía Autónoma, Bomberos y Protección Civil, entre otros.

En este capítulo se enseñarán las técnicas de descarceración y los medios empleados para liberar y tener acceso a las víctimas o pacientes que tras un accidente queden atrapados, ya sea en el interior de un vehículo o en lugares de difícil acceso.

Para conocer estas técnicas, será necesario saber desde el material que se utilizará con mayor frecuencia en los rescates hasta los procedimientos de actuación conjunta que se llevarán a cabo con otros servicios de seguridad.

Al finalizar el capítulo se habrán desarrollado los contenidos necesarios para actuar en el proceso de rescate de una víctima o paciente atrapado, teniendo en cuenta que la manipulación incorrecta podría provocar serías lesiones, discapacidades o el fallecimiento de la víctima.

El conocimiento y el trabajo en equipo multidisciplinario serán los mayores aliados a la hora de auxiliar a la víctima.

2. Material de descarceración

La descarceración es la técnica empleada en el rescate de víctimas que están aprisionadas tras haber sufrido un accidente, quedar bajo escombros, maquinaria pesada, etc.

Esta técnica se debe realizar coordinadamente con los equipos sanitarios, de seguridad y bomberos para lograr el acceso y rescate de la víctima atrapada. Las maniobras se realizarán de tal manera que se minimice el riesgo de ocasionar más daño al paciente.

En los accidentes de tráfico, es obligatoria la utilización de equipos de descarceración para acceder a los pacientes y proceder a su liberación del interior del vehículo.

Descarceramiento de vehículo

Para utilizar estas herramientas es obligatorio tener un entrenamiento en su uso, ya que una manipulación incorrecta puede provocar accidentes y lesiones en el personal que las manipula y en la propia víctima.

Los instrumentos más empleados en la descarceración son: la cizalla, los cilindros hidráulicos, las pinzas separadoras, la bomba cortapedales y los cojines neumáticos.

2.1. La cizalla

Similar a una tijera, se compone de dos cuchillas y se utiliza para cortar. La fuerza que ejerce puede alcanzar las 45 t, por lo que es necesario tener un adiestramiento previo, ya que representa un peligro significativo de cortes o aplastamiento cuando se utiliza sin cuidado. Se utiliza para realizar cortes en la chapa y estructura del automóvil, volante, salpicadero, pedales, etc.

Cizalla

2.2. Los cilindros hidráulicos

Son unas barras telescópicas provistas de un mecanismo hidráulico que se emplean para separar, levantar o desplazar.

A diferencia de los separadores, los cilindros se utilizan cuando se necesita una gran longitud de apertura para realizar un rescate.

Requiere de accesorios como cabezas, bases de apoyo y alargadores que los complementen.

Cilindro hidráulico

2.3. Las pinzas separadoras

Formadas por dos brazos cuya función es elevar, separar, comprimir y empujar. Las puntas son separables para incorporar cadenas de tracción. Su fuerza de separación puede alcanzar las 22 t.

Pinza separadora

 Definición

Tracción
Acción y efecto de tirar de algo para moverlo o arrastrarlo, y especialmente los carruajes sobre la vía, según la Real Academia Española.

2.4. La bomba cortapedales

Esta herramienta es parecida a la cizalla pero más pequeña. Permite cortar los pedales, volantes o palancas de cambio en los vehículos para poder liberar las extremidades inferiores atrapadas.

Bomba cortapedales

2.5. Los cojines neumáticos

Son envolturas herméticamente cerradas que se llenan con aire a presión y que se utilizan para levantar vehículos y poder estabilizarlos.

Cojín neumático

2.6. Gatos hidráulicos

Los hay de diferentes tamaños y fuerzas de elevación. Según el tipo de gato, se pueden levantar desde 10 t hasta 52 t.

Gato hidráulico

Sabía que...

Existen diversos tipos de herramientas como el cortador de vidrio, la cuña hidráulica, estrangulador de tubos, etc., cuya función es servir de apoyo a las herramientas ya citadas.

3. Técnicas de descarceración con medios de fortuna

Cuando se habla de técnicas de descarceración con medios de fortuna hablamos de las diferentes maniobras que existen para sacar a un paciente o víctima del vehículo accidentado. Las más utilizadas son la técnica de la anaconda, la maniobra de Reutek y la técnica de la *cuchara.*

Definición

Medios de fortuna
Los medios de fortuna son el conjunto de herramientas, objetos o instrumentos que se pueden encontrar en el entorno de una actuación; con todos ellos se debe utilizar la imaginación dependiendo de la situación que se presente para poder realizar el extricaje e la víctima.

3.1. La técnica de la anaconda

Para realizar esta técnica es necesario tener una sábana de mediano o gran tamaño y además se requiere de un mínimo de dos sanitarios. Consiste en sacar a la víctima del vehículo siniestrado con movimientos lentos y seguros para minimizar las posibles lesiones secundarias que, generalmente, se dan cuando se realiza la técnica inadecuadamente.

Por ello, se hace necesario seguir una serie de pasos:

1. El primer sanitario deberá concentrarse en mantener alineadas la cabeza y el cuello del paciente o víctima y el segundo sanitario tendrá que colocar un collarín cervical.
2. Con la sábana se va enrollando y rodeando totalmente el cuello del paciente, situando el centro de la sábana en la parte media del collarín cervical.
3. Se hará un doblez justo detrás de la nuca y se volverá a pasar por la parte delantera, haciendo una especie de colchón que rodee el cuello. Se tomarán los bordes de la sábana y se pasarán justo por debajo de las axilas para poder tirar hacia afuera con fuerza, sin lastimar al paciente.
4. Se rotará al paciente empleando la sábana hasta que su espalda esté justo en la mitad de la puerta del vehículo accidentado.
5. El primer sanitario cogerá los bordes de la sábana (situados bajos los hombros del paciente) y los moverá arrastrándolo con la sábana de manera delicada, entre tanto el segundo sanitario debe trasladar y controlar la parte inferior del torso, pelvis y piernas. Cuando el paciente se encuentre fuera del vehículo siniestrado se situará en el suelo o sobre una camilla.

 Nota

Las maniobras que se utilizan en la técnica de la anaconda buscan extraer a la víctima del vehículo asegurando cabeza, cuello y columna vertebral.

3.2. Maniobra de Rautek

Esta técnica es la más conocida y por ende la más utilizada. Se realiza para extraer a la víctima del interior de un automóvil haciendo énfasis en la protección de su columna vertebral y teniendo muy en cuenta los miembros inferiores, ya que debido al accidente pueden estar atrapados entre los pedales, el volante y la palanca de cambios.

Los pasos que hay que seguir son los siguientes:

1. Lo primero es realizar la revisión de los miembros inferiores del paciente. Se debe comprobar que no se encuentren aprisionadas con los pedales o el volante del vehículo. Después se procederá a cortar y apartar el cinturón de seguridad.
2. El técnico sanitario situará los antebrazos bajo las axilas del paciente. Con su mano más distal (la más alejada del hueco de extracción), el sanitario debe coger el antebrazo del lado contrario de la víctima (la mano izquierda del sanitario sujetará el antebrazo derecho de la víctima o viceversa) y con la otra mano debe sujetar el mentón. El sanitario apoyará su cara contra la del paciente. Se debe tener en cuenta el lado por donde se sacará el paciente, para saber qué mano estará más distal para ayudar al paciente.
3. Se realizará un movimiento coordinado donde se elevará y girará al paciente de tal manera que la espalda permanezca apoyada sobre el tronco del sanitario, debiendo quedar alineada. Hecho lo anterior, se podrá iniciar el traslado de la víctima al exterior del vehículo.

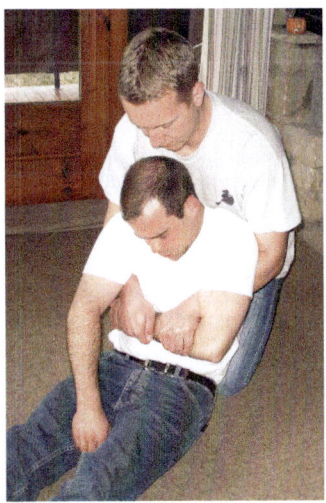

Maniobra de Rautek

3.3. Técnica de la "cuchara"

Cuando un accidente de tráfico deje una o varias víctimas que solo se puedan atender y sacar por un lado, la técnica más útil será esta, pero se debe tener en cuenta que como mínimo debe haber tres técnicos sanitarios o rescatadores, ya que se deben sostener a la vez la cabeza, el cuello, la espalda y las piernas.

Los pasos que hay que seguir son los siguientes:

1. Los técnicos sanitarios deben situarse y arrodillarse a un lado del paciente e introducir sus manos por debajo del mismo.
2. El primer técnico sanitario debe sostener la cabeza y la parte superior de la espalda.
3. El segundo sujetará la parte inferior de la espalda y muslos.
4. El tercer sanitario debe coger las piernas por detrás de las rodillas.
5. El técnico sanitario que sostiene la cabeza del paciente dará la orden de levantarlo y colocarlo sobre sus rodillas. Todo deberá hacerse al mismo tiempo.
6. Una cuarta persona colocará una camilla debajo del paciente.
7. El técnico a la cabeza de la víctima debe dar la orden para poner al paciente sobre la camilla y todo deberá hacerse en un solo movimiento coordinado.

 Definición

Extricaje o extricación
Son todas aquellas intervenciones y maniobras que tienen como fin retirar a las víctimas de una zona o situación de peligro inmediato para sus vidas.

4. Material del rescate

El material de rescate siempre se ha organizado en dos grupos: material de protección personal y material colectivo.

El material de protección personal incluye todos los equipos, elementos y accesorios que son de uso individual y que le permitirán al sanitario desempeñarse en cualquier técnica de rescate. Contiene equipos de sostén (arneses, anclajes, mosquetones, etc.), instrumentos para el descenso o ascenso por cuerda (bloqueadores, descensores), equipos de protección (cascos), etc.

El material colectivo se emplea de manera conjunta y se utiliza para realizar las diferentes instalaciones y maniobras: seguro, rescate (cuerdas, poleas, buriladores, anclajes, etc.).

4.1. Material protección personal

Son todos los instrumentos que facilitan las maniobras de progresión como el ascenso y descenso que deben ser seguros sobre las cuerdas.

Arnés

Es la pieza principal del equipo individual, sobre este se conectarán las demás piezas necesarias para la progresión por cuerda.

El arnés tiene dos funciones: sirve como componente en la sujeción del rescatador y es capaz de detener y acortar los efectos en una caída.

Dispone de una estructura de cintas que se encuentran distribuidas por diferentes partes del cuerpo y tiene varios puntos de anclaje que se utilizarán dependiendo de la maniobra que se vaya a realizar.

Según la ubicación que tiene en relación al cuerpo hay varios tipos de arnés:

- **Arnés de cintura:** es el principal componente de sustentación que rodea la cadera y las piernas. Este recibe la mayor parte de los esfuerzos. Lo compone una cinta graduable y acolchada a la cintura con dos perneras regulables unidas por un anillo central que sirve de anclaje.

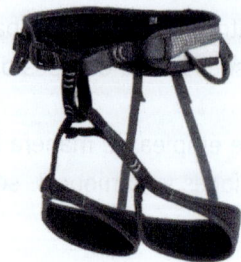

Arnés de cintura

- **Arnés de pecho:** es un complemento del arnés de cintura y tiene dos funciones: sostener el bloqueador del pecho ajustado sobre el cuerpo para proporcionar facilidad en el ascenso por cuerda y evitar que el rescatista se voltee en caso de caída. Un par de cintas anchas envuelven el torso desde atrás para unirlas a la altura del esternón. Se regula por medio de una hebilla ubicada en cada hombro y una pieza dorsal que ajusta la posición de las cintas.

Arnés de pecho

- **Arnés integral:** arnés de cintura y de pecho fabricado como un único elemento. Estos son los únicos que están homologados como elementos de protección individual contra caídas. Su sistema de anclaje viene en tirantes y perneras. Este conjunto debe cumplir con todos los requisitos para realizar trabajos en altura y en sitios aislados o profundos, que permitan la suspensión del rescatador y su acercamiento boca abajo.

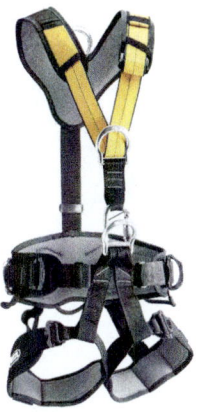

Arnés Integral

- **Arnés con inmovilizador espinal y cervical:** tiene una pieza de aluminio que da rigidez al eje craneal, cervical y dorsal del paciente o víctima. Para que esté totalmente completo se utiliza junto con la camilla, el inmovilizador de cabeza, barboquejo, cintas y argollas que posibiliten la inmovilización y extracción con una sola maniobra.

Arnés puesto en camilla para inmovilizar espalda y cuello

Cabos de anclaje y seguro

Este instrumento es esencial y obligatorio, ya que permite la unión del arnés con los diferentes elementos que participan en la progresión: anclajes, bloqueadores, líneas de vida, etc.

Anclajes

Descensores

Son instrumentos que permiten dominar la rapidez del descenso cuando se efectúa un rapel. Esto se consigue al transformar la energía producida en el descenso en calor y se hace por dos mecanismos: por roce superficial de la cuerda de descenso y por rozamientos internos de las fibras de las cuerdas entre ellas.

Mosquetones (conectores)

Son unos anillos que pueden ser de acero o aluminio, con diferentes tamaños y formas. Su técnica de funcionamiento es de apertura y cierre (como una puerta pivotante) y se mantienen cerrados por la acción de un muelle.

Mosquetones

Su utilidad radica en la unión rápida y segura de diferentes equipos y elementos participantes en las maniobras que se hacen en alturas como cuerdas, aparatos de progresión, elementos del equipo personal, etc.

 Sabía que...

Los mosquetones pueden ser tanto de uso individual como colectivo, según los casos.

Poleas

Son máquinas sencillas que tienen la tarea de disminuir el roce y cambiar la dirección de una fuerza. Se utiliza generalmente en maniobras de fuerza y rescates.

El rendimiento de una polea dependerá de la fuerza que se aplique y del peso que se desplace.

Bloqueadores

Son instrumentos mecánicos cuya función al introducirse en la cuerda es permitir a esta deslizarse en un sentido, quedando automáticamente bloqueado el otro. Se utilizan en maniobras de progresión y seguro.

Casco

Es el elemento más importante en la protección personal. Protege la cabeza frente a impactos, caída de objetos, chispas mecánicas o eléctricas, etc. y también es útil como sostén del equipo de iluminación.

Han de ser livianos y cómodos. Su método de ajuste debe ser fácilmente regulable.

Consejo

El casco se debe llevar puesto siempre, bien ajustado y abrochado.

Frontal

Es el equipo de iluminación que se pondrá en la parte delantera del casco o directamente en la cabeza. Permite tener las dos manos libres para realizar el trabajo.

Los frontales pueden ser de pilas o baterías y deben ser resistentes al agua y a las fuerzas mecánicas (golpes, roces).

Casco con frontal

Manta térmica

Sirve para protegerse de la mala temperatura en general: frío, calor, humedad, viento y los rayos directos del sol.

Tienen la ventaja de ser fácilmente localizables, ya que son fabricadas solo por una cara de la manta a base de láminas sintéticas aluminizadas.

4.2. Material colectivo

El material colectivo es todo aquel equipo de protección que se utiliza para el grupo de rescate. Dentro de los elementos que se pueden encontrar están las cuerdas, cintas, cordinos y las placas organizadoras. Este tipo de instrumentos siempre va unido al material de protección individual para mejorar la seguridad del personal a cargo y de la víctima.

Cuerdas

Son una pieza principal en cualquier rescate que se realice en altura. Con las cuerdas se realizan los montajes de progresión, seguro, rescate y auxiliares.

Son sintéticas (nailon, poliéster, polipropileno) y para las cuerdas auxiliares el grosor varía de 3 a 8 mm. La extensión puede ir de 20 a 60 m o rollos de 100 a 200 m, para adecuarlos según la necesidad del rescate.

Dependiendo de su elasticidad se encuentran:

- **Estáticas:** cuentan con poca elasticidad y se utilizan para el ascenso por ellas y para armar tirolinas.
- **Dinámicas:** cuentan con cierta elasticidad y sirven para asegurar. En caso de caída, actúan como un muelle impidiendo la parada brusca.

Varios tipos de cuerdas

Cintas

Se compone de los mismos materiales que las cuerdas. Su diseño es tubular y plano. Ambas son estáticas, siendo la tubular más flexible y resistente. La mayoría de las veces se usan para anclar alrededor de algún punto, duplicando su resistencia si se emplean dos cintas y se usan los mosquetones. Se pueden encontrar con anchos que varían desde los 15 a los 26 mm. Se utilizan en instalaciones realizadas con cuerda y para evitar los roces de la cuerda.

Las cintas son una pieza completamente estática, no deben utilizarse donde se produzcan fuerzas de choque de cierta magnitud.

Cordinos

Son de construcción similar a las cuerdas, con diámetros que van de 3 a 5 mm. Se utilizan para sostener herramientas.

Placas organizadoras

Permiten ubicar y distribuir múltiples cuerdas desde un mismo punto para organizarlas y contribuir en el equilibrio de fuerzas.

Se complementa poniendo un anillo giratorio con rodamiento entre la carga y la cuerda, para evitar que esta se enrolle cuando gire sobre sí misma.

 Sabía que...

Junto a los materiales colectivos de rescate que se han visto existen otras herramientas como los animales (perros y caballos de búsqueda y rescate) y los vehículos (helicópteros, botes salvavidas, ambulancias, camiones de bomberos, motos de nieve...).

5. Técnicas básicas rescate

Todas las intervenciones realizadas en un rescate deben tener, por parte de todo el equipo sanitario, conocimiento, concentración, esfuerzo y trabajo en equipo.

La mejor táctica en el rescate consiste en saber ahorrar la energía de cada integrante del equipo y elegir cuidadosamente los materiales a utilizar.

Es importante tener capacidad de respuesta ante cualquier imprevisto que se dé durante el rescate.

5.1. Fases en el procedimiento de actuación

La víctima estará acompañada por personal sanitario durante todas las fases del rescate para poder dar la atención terapéutica necesaria. Esto se hará siempre y cuando las condiciones de seguridad del rescate lo permitan. Los pasos a seguir son:

1. Realizar una valoración sobre el tipo de emergencia, descripción del lugar y si existe algún incremento de riesgos, saber cuántas son las víctimas y cuál es su estado. Esto permitirá hacer un mapa mental del accidente.
2. Evaluación de la zona de actuación para saber las intervenciones y técnicas que se deben aplicar. Establecer el perímetro de seguridad.
3. Acercamiento a las víctimas por medio de una técnica rápida que posibilite una valoración inicial del estado clínico de la víctima, realizando un triage para priorizar su rescate y actitud terapéutica: esta será la valoración primaria. La atención, los medicamentos o cuidados que requiera la víctima se deben introducir con los trabajos de liberación ya planeados, aquí se realizará el soporte vital e inmovilización de traumatismos, garantizando la seguridad pasiva y comodidad del paciente en la medida de lo posible. Dejar firmes y seguros todos los instrumentos de diagnóstico y los instrumentos terapéuticos aplicados.

4. Realizar la estabilización de la zona fuera de peligro o en la ambulancia. Aquí se hará la valoración secundaria y se dará continuidad a las intervenciones asistenciales.

5. Las actividades finalizarán con el traslado de la víctima y la transferencia al hospital receptor asignado.

Recuerde

Se debe realizar una evaluación de la zona de actuación que determine los posibles riesgos para la víctima y el equipo sanitario.

Técnicas generales

Estas son todas aquellas maniobras e intervenciones que se deben utilizar para realizar el aseguramiento de la víctima y del equipo de rescate, minimizando los riesgos que se puedan presentar para los mismos. También se encuentran las secuencias que se deben utilizar en los rescates por descenso, ascenso, de vehículo, etc.

Nudos

Deben ser firmes y fáciles de deshacer después de haber aguantado la tensión. Cada paso necesita distintos tipos de anclaje y encordamiento para poder sostener materiales de anclaje, arneses, bloqueadores, unión de cuerdas, cintas, etc.

Ejemplo de nudo correcto

Sistemas de anclaje de seguridad

Es la fusión inicial del tendido de cuerdas con el entorno, es decir, en el supuesto caso de que algún anclaje falle se prevé la opción de distribuir la carga entre los otros y que no peligre la totalidad de la técnica.

Los dos sistemas claves para reforzar la seguridad en cualquier técnica de rescate que se realice por rapel son:

- **Puntos de anclaje:** se colocan de manera natural (árboles, rocas, troncos, etc.), de manera artificial (clavos, automóviles, tacos, etc.) o modificando las circunstancias (perforación de pared).
- **Instalación:** deben ser como mínimo dos anclajes (uno principal y otro que supla al segundo si llega a fallar el primero), más un punto intermedio que los una (donde se anclarán las cuerdas). Se deben seguir unas normas para poder realizar el anclaje correctamente:

  - La base debe ser inflexible, inamovible y sólida.
  - Estudiar la zona de trabajo e instalar el anclaje.
  - Revisar el número y calidad del material disponible.
  - Examinar los posibles puntos de fricción.
  - Los nudos deben ser visibles para el operador.
  - Anclar en tres puntos.
  - Utilizar los implementos por separado para aprovechar el mayor uso de la fuerza.
  - Tener en cuenta la ley de angulación: *"a menor angulación, mayor es la resistencia"*.

 Definición

---

Rapel o rápel

En montañismo, descenso rápido en el que se utiliza una cuerda doble sujeta en un anclaje por la que se desliza el alpinista, según el *Diccionario Panhispánico de Dudas* de la RAE. Ambas voces están aceptadas.

Técnica de rescate por descenso

Cuando se realiza el descenso, debido al ángulo de inclinación de la pendiente, el centro de gravedad de quien hace el rescate es bajo y se debe compensar la fuerza de gravedad por medio del equilibrio a medida que se desciende al vacío.

El rescatista debe dominar las técnicas de rapel, pues estas le facilitarán el descenso por todo tipo de terrenos, incluyendo los vacíos o caídas verticales.

La técnica se realiza por medio de un instrumento de descenso que se ha instalado en la cuerda de suspensión, junto con los mecanismos anticaídas sujetos a una cuerda de seguridad.

El descenso se controla poniendo una mano en el mango del instrumento y la otra en la cuerda de suspensión por debajo del descensor, produciendo un ángulo o añadiendo un poco de tensión a la cuerda para poder dirigir la velocidad que se requiere en el descenso.

Cada vez que se deba hacer una parada, se hará una llave o un nudo de bloqueo al instrumento de descenso.

Técnica de descenso

Sabía que...

La velocidad de descenso no debe ser superior a los 2 m/s.

El descenso se desarrollará de manera tranquila: sin tirones ni saltos, el tronco debe ir inclinado hacia atrás quedando separado de la cuerda, las piernas separadas y los pies tocando la pared. Las manos sujetarán la palanca del descensor y del autoseguro. Para que se bloquee se debe soltar la palanca y así frenar el descenso.

En esta técnica el traslado de la víctima se hace por medio de una camilla que irá con los técnicos-rescatadores, que a su vez irán rapelando y prestando asistencia sanitaria.

La técnica de descenso más utilizada se realiza ahora por medios mecánicos, ya que resulta menos peligrosa, especialmente en espacios confinados.

 Recuerde

Quien realiza rapel debe estar autoasegurado con bloqueador, o bien, asegurado por otro rescatador encordado de la misma manera, cuya función será ir soltando cuerda y retener la caída.

Técnicas de rescate por ascenso

Se emplea de igual manera que la técnica de suspensión o descenso, pero en sentido contrario.

Esta técnica de evacuación por ascenso precisa de un gran trabajo de equipo que debe contar con una coordinación perfecta, pues su técnica es más compleja que el descenso.

La técnica se basa en usar los bloqueadores unidos a la cuerda y el arnés integral y pedales que al desbloquear se deben halar de manera que alternen los miembros izquierdos con los derechos o ambos con el bloqueador integral, lo que posibilita el ascenso progresivo. Este ascenso deberá contar con las mismas condiciones de seguridad que el rapel.

Para subir a las víctimas se hará en camilla, triángulos de evacuación, etc. Se deben instalar polispastos para poder realizar las intervenciones que requieran fuerza con poleas.

 Definición

Polispastos
Aparejo de dos grupos de poleas uno fijo y otro móvil.

 Importante

Se hace obligatoria la revisión de todos los sistemas, elementos, equipos, etc., que van a funcionar en la zona de actuación. Si los montajes son sencillos y ordenados, la supervisión será rápida.

Rescate por planos horizontales o inclinados

Para atravesar trayectos considerables y diferencias de altitud o falta de continuación en la secuencia del salvamento, se puede utilizar la tirolina o teleférico. Mediante este método, el medio de transporte va suspendido de un cable de cuerda templada y fija que ayuda en el traslado de la víctima y rescatistas.

Están asegurados por otro cable que debe ser fijo. Son remolcados por otro cabo y el regreso se logra por medio de una cuarta cuerda que recupera en sentido contrario al primero que también ayudará como cuerda de retención cuando se descuelga por la tirolina.

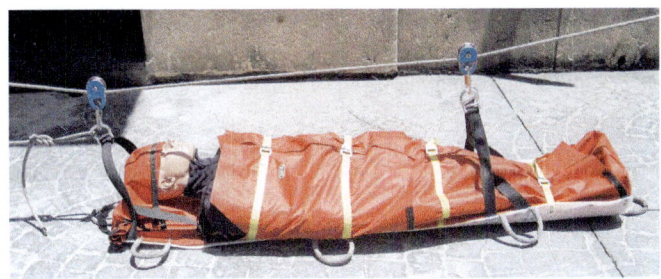

Rescate por tirolina

Técnicas en derrumbes de estructuras

Estás técnicas de rescate requieren una planificación y preparación de un nivel más alto como el de los bomberos o servicios de extinción de incendios y salvamento.

La intervención de un técnico de transporte sanitario debe dirigirse a recoger la mayor información que pueda sobre la actividad de la estructura, posibles ocupantes, localización de los mismos, etc. Para ello, puede agrupar a los supervivientes, trabajadores y los encargados de seguridad que aporten la información requerida y podrá hacer un mapa mental de la situación y delimitar las intervenciones posteriores.

Las actividades generalmente se acompañan de otros peligros por lo que se hace imprescindible cumplir lo siguiente:

- Solo se actuará cuando los bomberos tengan asegurada la zona.
- El técnico deberá tener los equipos de respiración autónoma.
- Los procedimientos que se realizarán inicialmente serán los de desescombro con herramientas manuales, descarceración de atrapados y apuntalamiento. Estos se harán en compañía de bomberos o servicios especializados, nunca solos.

 Recuerde

En cualquier técnica se debe realizar la revisión minuciosa de todo el equipo, instrumentos o elementos que se van a utilizar. De ello depende, en parte, el éxito o fracaso de la intervención en el rescate.

Técnicas de rescate en accidente de tráfico

En estos accidentes se puede producir una deformación de gran tamaño, donde las víctimas generalmente quedan atrapadas entre algunas estructuras del vehículo.

Todos los sistemas de emergencias deben aunar esfuerzos, trabajar en equipo y utilizar los elementos, herramientas e instrumentos necesarios para actuar eficazmente y en el menor tiempo posible, retirar a la víctima de la zona del accidente y estabilizarla.

Las actividades que realizará el personal sanitario deben ir dirigidas a la extricación de la víctima, siendo cuidadosos en no complicar las contusiones, heridas, fracturas, etc. y evitar una lesión secundaria.

Recuerde

Extricaje o extricación son todas aquellas intervenciones y maniobras que tienen como fin retirar a las víctimas de una zona o situación de peligro inmediato para sus vidas.

Se debe seguir una intervención secuencial para facilitar el rescate:

- La primera intervención para contribuir en el rescate del paciente debe ser formar un control de la zona de actuación para poder acercarse a la víctima atrapada. Una vez alcanzada, se debe comenzar con el soporte vital al paciente. Se debe crear una zona de protección para poder iniciar el rescate.
- Cuando la víctima o paciente ha sido rescatada se debe estabilizar e inmovilizar para poder trasladarla de la zona de actuación a una zona protegida (aislada de peligros para el paciente y el equipo completo).
- Si se presentaran casos de urgencia (vehículos en llamas, pacientes en parada cardiorrespiratoria –PCR-, etc.), no se realizará ninguna actividad de extricación. Se interviene con la maniobra de Rautek, cuyo objetivo es inmovilizar y sacar al paciente de una manera rápida y segura.

Maniobra de Rautek

Aplicación práctica

Usted trabaja en un hospital donde pasada la media noche se recibe una llamada de emergencia para atender a las posibles víctimas de un accidente de tráfico. Al llegar a la zona, observa que el accidente fue ocasionado por colisión frontal con otro vehículo (atendido por otro grupo sanitario). En el vehículo que le corresponde solo hay un ocupante y al acercarse usted ve que el motor esta incendiándose, lo cual es peligroso para el paciente y los rescatadores, ¿qué técnica de rescate que empleará entonces?

SOLUCIÓN

Todos los sistemas de emergencias deben trabajar en equipo, actuar eficazmente y en el menor tiempo posible para retirar a la víctima de la zona del accidente y estabilizarla.

Las actividades que realizará el personal sanitario se dirigirán a la extricación de la víctima siendo cuidadosos de no complicar las contusiones, heridas, fracturas, etc. para evitar una lesión secundaria.

En este caso, como el vehículo se está incendiando en la parte delantera, no se realiza ninguna actividad de extricación: se debe intervenir con la maniobra de Rautek, cuyo objetivo es inmovilizar y sacar al paciente de una manera rápida y segura. Aquí participa el Cuerpo de Bomberos.

Cuando el paciente ha sido rescatado se estabiliza e inmoviliza para trasladarlo a una zona protegida.

6. Técnicas de estabilización del vehículo accidentado

La estabilización es la maniobra previa al trabajo sobre el vehículo. Permite operar sobre él de forma inmóvil y segura al eliminar todos los movimientos generados sobre el mismo y que son transmitidos de forma directa a las víctimas durante el desarrollo de las diferentes maniobras de descarceración (en la generación de espacios de entrada de los equipos de rescate hacia las víctimas y durante la posterior manipulación de estas en las tareas de extracción).

Coche siniestrado

El vehículo tiene que ser estabilizado en la posición en la que se encuentre, ya que cualquier movimiento podría agravar las lesiones que padezcan las víctimas. Únicamente se tendría que valorar la posibilidad de mover el vehículo cuando no haya otra alternativa posible para poder acceder y liberar las víctimas.

 Importante

Trabajar con un vehículo inestable es trabajar con un vehículo inseguro y aumentar los riesgos para la salud de pacientes y rescatadores.

6.1. Posiciones básicas del vehículo

Existen una serie de posiciones en las que se puede encontrar el vehículo accidentado, al cual se debe acceder ante un rescate de víctimas de manera que el entorno de seguridad sea el adecuado, evitando así que se produzcan posibles daños a los rescatadores.

Estas posiciones son las que se describen a continuación.

Vehículo en posición de marcha

En esta técnica tenemos que anular los movimientos laterales y longitudinales del vehículo, ya que este se encuentra apoyado sobre las ruedas y amortiguadores.

Esquema de coche con movimientos neutrales y longitudinales

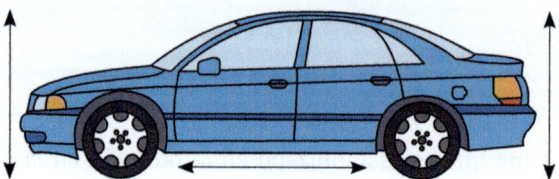

La inmovilización lateral se efectúa con cuñas tipo escalera. Los movimientos longitudinales se anularán con pequeñas cuñas en los neumáticos.

Representación gráfica de inmovilización lateral del coche

Existe otra técnica que consiste en deshinchar las ruedas hasta que el vehículo quede apoyado sobre las cuñas escalera. Se recomienda no pinchar las ruedas ni arrancar la válvula ya que ello dificultaría la maniobra de retirar el vehículo por parte de la grúa.

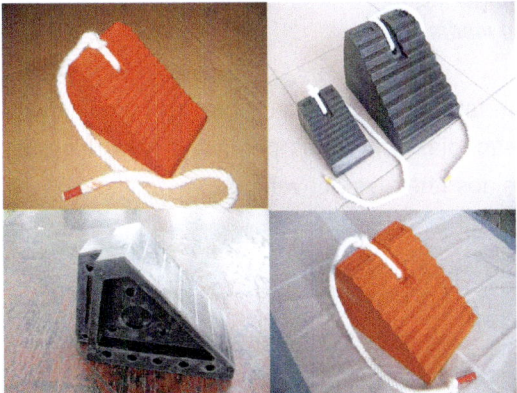

Cuña de escalera

Existen diferentes posiciones en las cuales encontrar a un vehículo accidentado. Es muy importante para trabajar en un entorno seguro conseguir estabilizar el vehículo. Existen tres maneras diferentes de actuación en función de la maniobra de salida de las víctimas.

Estabilización mínima

Se sitúan dos cuñas escalera en el lateral sobre el que se elija como salida de la víctima y una única cuña tipo escalera en el lateral contrario. Una vez conseguido el suficiente espacio para intervenir, todas ellas serán tensadas con cuñas pequeñas.

Esquema de cuñas en estabilización mínima

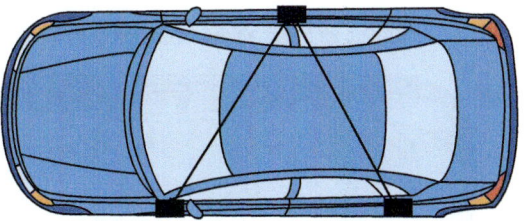

Estabilización media

Se colocan las cuñas en cada uno de los lados del vehículo, dos cuñas escalera tensándolas con cuñas pequeñas para realizar la extracción por alguno de los dos laterales del vehículo.

Representación de cuñas en estabilización media

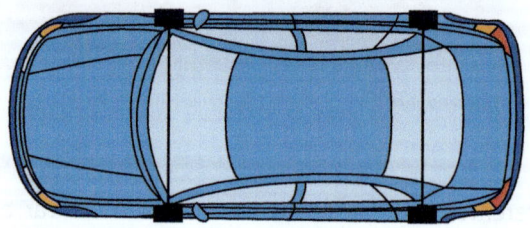

Estabilización completa

Consiste en ubicar en cada uno de los laterales del vehículo dos cuñas escalera, tensándolas con cuñas pequeñas, así como un quinto punto bajo el maletero del vehículo.

Se evitará que en el proceso de extracción posterior de la víctima el vehículo se balancee al situarse en ese lugar el personal de los servicios de emergencia para realizar la extracción.

Gráfico de cuñas en estabilización completa

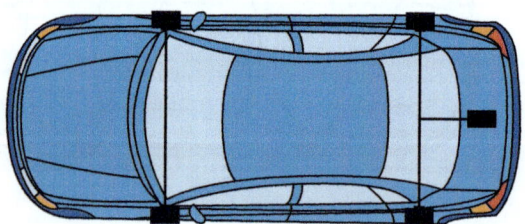

Acciones a tener en cuenta:

▪ Situar las cuñas escalera lo más próximo posible a las ruedas, ya que si se colocan más centradas pueden ser retiradas por la apertura de las puertas, al sobresalir estas por encima de la talonera.
▪ Evitar colocar los puntos de estabilización en los parachoques, puesto que el vehículo no quedaría estabilizado al estar en contacto con un elemento blando.
▪ Comprobar periódicamente los puntos de estabilización, porque estos se van aflojando por los pequeños movimientos provocados a la hora de la extracción.

Vehículo en posición de volcado lateral

Esta es la más inestable de las tres posiciones básicas que se describen, existiendo la posibilidad de derrame de combustible.

Para estabilizarlo hay que colocar un punto de apoyo bajo el vehículo, como muestra la imagen, y cuñas en la zona del motor, dando tensión al conjunto. Posteriormente, colocar puntales inclinados entre los bajos del vehículo.

Posición de puntales inclinados

Los materiales necesarios son puntales de estabilización inclinada, cuñas escalera y cuñas pequeñas.

Para la maniobra final de extracción de las víctimas por abatimiento del techo, una vez abatido, tendrá que ser afirmado para evitar el efecto trampolín del mismo. Si no tenemos puntales de estabilización inclinados, los podemos sustituir por un tablón o escalera tensados contra el vehículo con una cincha con trinquete con ganchos en sus extremos.

Puntales de estabilización inclinada

Vehículo en posición de volcado total con vuelo posterior

La posición más básica y estable de todas es esta, con el único agravante del derrame del combustible.

Vehículo volcado total

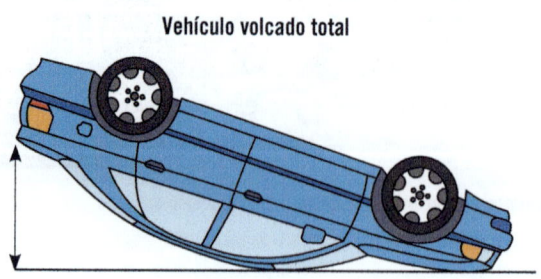

Los materiales necesarios son cuñas escalera y cuñas pequeñas.

Estabilizar el vehículo en esta posición es sumamente simple y fácil. Solo se han de colocar dos cuñas escalera entre el triángulo que forman el techo y la calzada, tensando ambas con dos cuñas pequeñas. Se termina metiendo cuñas pequeñas en el hueco existente entre el motor y la calzada para neutralizar los posibles movimientos laterales del vehículo.

Cuñas de escalera en vehículo volcado total

Las cuñas escalera se pueden cambiar por puntales de estabilización incli-nados. Así, se permitirá realizar dos cortes en el techo con la sierra de sable desde la parte posterior, hasta llegar a la altura del lateral de las puertas y abatirlo hacia abajo, generando un buen espacio de salida de las víctimas.

Puntales de estabilización

Consejo

En un accidente se debe utilizar una terminología precisa y común para el buen entendimiento de todos los servicios de emergencia. Dicha terminología aportará claridad, entendimiento y cooperación entre los distintos servicios con el fin de proporcionar un mejor apoyo a las víctimas.

El área del accidente se divide en dos zonas de intervención:

- **La zona caliente:** es el sitio donde se encuentran los vehículos siniestrados. Se considera zona caliente el espacio de 2 m alrededor de los vehículos. A este lugar solo pueden acceder los equipos sanitarios y de rescate, previa autorización y comprobación de la seguridad del lugar por los bomberos. Esta, a su vez, es una zona de riesgo por la posibilidad de derrame de líquidos y sustancias potencialmente inflamables o provocadoras de más accidentes.
- **La zona templada:** es la contigua a la anterior y se le llama zona de apoyo. En ella se ubicarán las herramientas, el material y los vehículos que facilitan el trabajo al personal que interviene en la zona caliente. Esta es menos conflictiva que la zona anterior y el acceso a la misma se debe limitar exclusivamente a los medios de apoyo y, ocasionalmente, a otros servicios como grúas, limpieza de carreteras, etc.
- **La zona fría:** es la más distante del accidente. El control de esta corresponde a los agentes de seguridad, los cuales deben impedir el acceso a toda persona no autorizada.

Distribución de las zonas de intervención

Zona templada   Zona caliente   Zona fría

7. Medidas de seguridad

Las medidas de seguridad que se deben tomar en cualquiera de las técnicas de liberación y rescate requieren de unas estrictas normas de protección que, como regla general, han de cumplirse al pie de la letra para evitar posibles daños colaterales.

Existen dos tipos de seguridad:

- **La seguridad activa:** que se proporciona mediante la creación de un entorno de trabajo seguro en condiciones adversas, suprimiendo así todo posible riesgo.
- **La seguridad pasiva:** asegurando tanto a las víctimas como a los auxiliadores mediante la utilización de equipos de protección personal e individual.

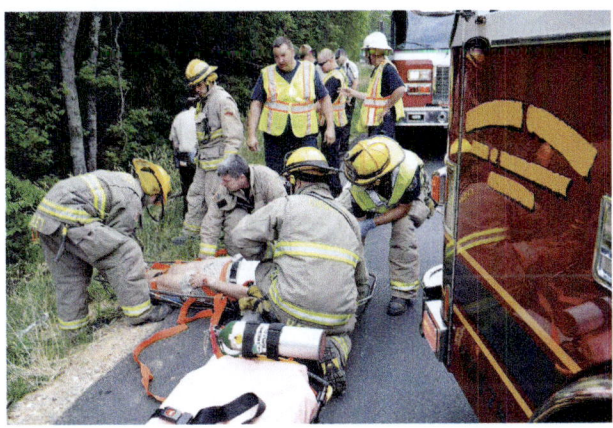

Víctima ubicada en la zona templada y asegurada con equipos de protección colectivos

Cualquier medio de trabajo, procedimiento de actuación, sistemas instalados y la propia estructura del rescate deben basarse en la duplicidad o redundancia, en función de la cual se utilizan los diseños o se conciben las ideas para aplicarlas doblemente al entorno, la víctima y los intervinientes: en el caso de que fallara el primero, actuaría el segundo, de otro modo. El plan de seguridad no alternativo, sino complementario al que se está utilizando para reforzar la técnica o el procedimiento, necesariamente se debe guiar por las siguientes normas:

- Revisar cuidadosamente el material al comenzar la jornada de trabajo.
- Aplicar las técnicas de señalización y balizamiento.
- Usar los equipos de protección individual inmediatamente, antes de bajarse de la ambulancia, y no desprenderse de ellos hasta estar nuevamente en su interior.
- Aplicar los mismos protectores indicados anteriormente a las víctimas, desde que se tome contacto y hasta que estén acomodadas en la cabina asistencial, siempre y cuando los dispositivos de tratamiento y las acciones terapéuticas lo permitan.

Durante la actuación de socorro se debe:

- Tomar las precauciones correspondientes durante la actuación. La situación de riesgo debe considerarse latente hasta iniciar la evacuación.
- El tránsito por las vías de aproximación y de evacuación debe restringirse al máximo. Llevar a cabo esta restricción de forma tranquila, pausada, sin dificultar otros movimientos, formará parte de la autoprotección del individuo.
- En el sitio de la intervención se debe actuar de la misma manera, consiguiendo así un estado armónico entre los rescatadores, que será percibido por la víctima y elevará su estado de ánimo.

En cuanto a los materiales, el técnico deberá:

- Emplear herramientas, elementos y equipos solamente con el fin para el que hayan sido construidos, siguiendo las instrucciones del fabricante y siempre con protectores y dispositivos de seguridad. Avisar de su puesta en marcha cuando haya otras personas en las cercanías y no sin antes haber inspeccionado el perímetro.
- Cuando se trabaje con cuerdas hay que estar atento para no pisarlas, ponerlas en contacto con tierra, grasas, aceites u otros productos químicos. Deben guardarse en un sitio seco y oscuro. Pueden lavarse con agua jabonosa y después de un buen aclarado, se dejan secar a la sombra.

- Limpiar cuidadosamente el material después de su uso. Antes de su almacenamiento definitivo se deben seguir las indicaciones del fabricante en cuanto al mantenimiento (lubricación, secado, impermeabilidad, protección solar etc.). Hay que avisar de los desperfectos a la persona responsable y desechar los que hayan quedado inservibles. Un perfecto estado de conservación garantiza una la confianza de los usuarios.

Todo ello, sin olvidar que:

- Los servicios de emergencia se deben situar de manera que formen una barrera a fin de evitar que los vehículos que circulan por la vía entren en la zona de intervención, ya que pueden provocar nuevos accidentes.
- En el lugar de intervención se distinguen tres zonas de actuación en las que se adoptarán las medidas de seguridad necesarias: zonas caliente, templada y fría.

 Consejo

Llevar el equipo adecuado y en óptimas condiciones es fundamental para el desempeño de una buena actuación dentro del área de intervención.

8. Procedimiento de actuación conjunta con otros servicios de seguridad

En la mayoría de las intervenciones en las que participan los cuerpos de seguridad, estos se interrelacionan unos con otros en su intervención en el siniestro. En el caso de los accidentes de circulación esta interrelación se ve acentuada más que en ningún otro tipo de intervención.

En este epígrafe se tratarán las funciones propias de cada servicio, si bien hay que saber que en cada región este reparto de tareas puede variar. En varias ocasiones la falta de funciones de un servicio provocará que estas no se realicen o tengan sean asumidas por otros, con el agravante de la demora en la actuación por parte de un cuerpo a la espera de la llegada de otro.

8.1. Funciones de los servicios policiales

Como norma general, la principal función de los servicios policiales es controlar el perímetro exterior de la intervención. Las medidas aplicadas por este cuerpo son las que se describen a continuación.

Control del tráfico

Al encontrarnos con un siniestro en la vía pública, este puede provocar colapsos en la circulación que pueden tener consecuencias incluso lejos del accidente. Para evitarlo, la función de regularizar el tráfico, tanto en la zona del accidente como en puntos adyacentes, es fundamental, favoreciendo incluso la entrada de vehículos de emergencia.

Señalización del accidente

Un aspecto fundamental para evitar accidentes encadenados es señalizar de forma clara el accidente a una distancia suficiente, unos 900 m dependiendo del tipo de vía; y colocar avisos más próximos a medida que los vehículos se acerquen al siniestro.

Esta señalización se convierte en algo prioritario en accidentes nocturnos, en zonas de curva o cambio de rasante, con niebla o en vías de circulación rápida.

El orden público y control de accesos

Se produce una afluencia de personas que presencian o encuentran el accidente, que muchas veces tratan de ayudar o simplemente curiosear antes de la llegada de los servicios de emergencia. Por ello, es indispensable trabajar eficazmente alejando de la zona del siniestro a estas personas que pueden entorpecer las tareas de auxilio. Junto con la señalización del accidente, esta es una de las funciones esenciales que ejecutan los servicios policiales.

El control de acceso se ha de tratar de establecer físicamente mediante el acordonamiento y la colocación de conos y solo ha de ser rebasado por personal propio de la emergencia (sanitarios y bomberos).

Se debe prestar especial atención a las grúas, medios de comunicación u otros profesionales que pueden tener algún interés en el caso y que en un momento dado pueden requerir una consideración especial.

Investigación del accidente

Esta se realiza al final del siniestro, teniendo en cuenta a los bomberos que deben evitar la destrucción de alguna prueba a la hora de la limpieza y retirada de la zona afectada.

En esta fase se interroga a los testigos presenciales en coordinación con los servicios sanitarios para hallar las pruebas fundamentales que se reflejarán en el parte de intervención.

Identificación de víctimas

En este apartado se trata de levantar atestados, identificar víctimas y avisar al juez en caso de defunción, ponerse en contacto con los familiares y demás investigaciones y gestiones que se deriven del accidente con muertes o daños graves.

Retirada de vehículos

Los bomberos pueden colaborar con los servicios policiales apartando los vehículos para agilizar la circulación y así evitar riesgos secundarios de incendios o choques.

Restablecimiento de la circulación

Una vez que todos los servicios de urgencia han finalizado su actuación en la zona del accidente, como último paso, se restablecerá la circulación en la vía.

8.2. Función de los servicios sanitarios

En los servicios de urgencia sanitarios existe un *modus operandi* que se debe cumplir para cualquier tipo de llamada de emergencia.

Encontraremos dos tipos de servicios sanitarios: el no medicalizado y el medicalizado:

- **Servicio sanitario no medicalizado:** tiene funciones muy limitadas en el campo asistencial y puede pertenecer a servicios de carácter de voluntariado.
- **Servicio sanitario medicalizado:** tiene una capacidad asistencial avanzada y además puede constituir un servicio de emergencias publica propia.

Transporte sanitario

Estabilización de víctimas

Una de las funciones que debe cumplir estrictamente cualquier servicio sanitario es la de estabilizar a las víctimas y llevar el control de los signos vitales, evitando así posibles lesiones.

Muchas veces los socorristas descuidan su seguridad, voluntaria o involuntariamente, por intentar socorrer a las víctimas en condiciones de espacio precarias, que pueden ser mejoradas mediante las técnicas de abordaje en la intervención de vehículos. Estas técnicas se aplican bajo la responsabilidad de los bomberos en colaboración con los servicios sanitarios para poder llevar a cabo correctamente la técnica de desincarcelación en el mejor y más apropiado entorno de trabajo.

Priorizar el rescate

Desde el punto de vista sanitario se priorizará y valorará el rescate de las víctimas en concordancia con el Cuerpo de Bomberos.

Apoyo en tareas de extracción

El personal de bomberos tendrá la función principal de extraer a las victimas afectadas con el apoyo de los servicios sanitarios, que ayudarán a mantener en perfecto estado a los pacientes mediante la utilización de férulas, collarines y vías.

 Definición

Férula
Término médico para designar la tablilla flexible y resistente que se emplea en el tratamiento de las fracturas.

Atención social y emocional

El personal sanitario deberá dar apoyo, tanto emocional como psicológico, a las víctimas afectadas por el accidente, brindando para ello los medios necesarios, como bebidas calientes, mantas y la comunicación con los familiares.

Organización del triage

Entre las funciones del personal sanitario es de obligación la realización del triage de las víctimas cuando el número de estas es elevado, estableciendo las prioridades de evacuación a los centros hospitalarios.

Traslado de víctimas

El personal sanitario tiene varias funciones y una de ellas es trasladar a las víctimas a los diferentes centros asistenciales, con la utilización del triage, mediante el cual se clasificarán dependiendo del grado de riesgo en que se encuentren.

Certificación del exitus

En el momento que fallece una persona, el personal médico autorizado y capacitado tendrá la responsabilidad de levantar el acta de defunción para evitar así posibles errores.

Limpieza sanitaria

Finalizada la intervención, todo el personal sanitario tendrá como función eliminar cualquier foco de infección que haya quedado tras el momento de la intervención, ya sea producido por fluidos de sangre, vendajes, cápsulas, guantes, etc.

8.3. Funciones de los bomberos

La responsabilidad máxima en los accidentes de tráfico recae sobre los bomberos, que son los encargados de la coordinación de los otros servicios.

En otros países esta obligación recae sobre la policía, independientemente del servicio que tenga la responsabilidad de coordinar la intervención.

Las principales funciones de los bomberos se centran en los aspectos que se detallan a continuación.

Bomberos coordinando una intervención de emergencia

Control de riesgos inminentes

Son situaciones que no pueden 'esperar', ya que si no se controlan de forma inmediata pueden agravarse, fundamentalmente las que implican riesgos para las víctimas y los intervinientes.

Extinción de incendios

Los incendios se pueden declarar en los vehículos implicados, en vehículos próximos, en masas forestales anexas, viviendas etc. Para esto, se debe realizar la operación con mucha precaución y prudencia, haciendo uso de los diferentes extintores y demás medios de forma adecuada con el fin de no poner en riesgo la vida de las víctimas.

Prevención de incendios

Hay que tener en cuenta que en la totalidad de los accidentes de tráfico existen condiciones muy favorables para que un incendio se produzca, incluso con proporciones que pueden llegar a ser terribles, por tanto, se ha de incluir la prevención de incendios en cualquier accidente de tráfico.

Estructuras inestables

Pueden denominarse así tanto los vehículos sobre los cuales se va a trabajar como las estructuras, los puentes, las vallas, etc., que han sido afectados por el accidente y amenazan su estabilidad.

Riesgo eléctrico

Se producen con frecuencia colisiones contra las estructuras que soportan tendidos eléctricos. El riesgo al intervenir en estas ocasiones puede ser inaceptable, por lo cual y para asegurar la vida de todos, se debe cortar la electricidad.

Seguridad en la intervención

En general, se consideran aspectos de seguridad aquellos que sin constituir un riesgo grave en los primeros momentos de la intervención, han de ser vigilados y atajados lo antes posible.

Derrames de combustible

Los aceites y demás combustibles deben ser controlados para evitar posibles altercados o que puedan convertirse en un riesgo inminente.

Riesgos del vehículo

Son los elementos del vehículo que pueden causar lesiones o daños como las baterías (focos de ignición, descargas eléctricas o derrames de ácido), airbags que no se han disparado, los cantos vivos de chapa metálica, los fragmentos de vidrio...

La iluminación del entorno

La iluminación es un factor muy importante en los momentos de intervención en horas nocturnas, puesto que ayuda a disminuir en cierto grado los riesgos y a la vez facilita la comodidad en el trabajo.

Acumulación de personal

La masificación del personal en la zona caliente dificulta los movimientos, complica el control de seguridad e incrementa la probabilidad de que se produzcan heridas, lesiones, etc.

El rescate de víctimas

Esta es la función principal que se persigue en toda intervención, siendo así prioritaria en cuanto la zona del siniestro está asegurada.

La estabilización del vehículo

Es el primer paso a dar para rescatar a las víctimas siempre y cuando la valoración sanitaria o un riesgo inminente no aconsejen acelerar el rescate.

Maniobra de abordaje

Es el paso siguiente a la estabilización, siempre y cuando la víctima no necesite asistencia urgente y no se haya accedido sin tener que abrir espacio mediante esta técnica.

Descarceración

Una vez concluida la estabilización sanitaria de la víctima, si se encuentra atrapada en el interior del vehículo, se procederá a realizar la descarceración o desincarceración.

Si la víctima no se encuentra atrapada, se ha efectuado una estabilización sanitaria y no existe un criterio de urgencia que lo impida, se podrá abrir un hueco mayor, para la comodidad de trabajo del personal, aunque no sea una descarceración propiamente dicha.

Extracción de la víctima

Personal sanitario y bomberos juntos ayudarán de una manera organizada a la extracción de las víctimas, además de transportarlas a cada una de ellas a los sitios correspondientes.

Fin de la intervención

Una vez rescatadas las víctimas, se deben cumplir ciertas tareas antes de terminar la intervención, como son continuar con las medidas de seguridad, evaluación y comunicación continua del mando.

Rastreo perimétrico

Es muy importante vigilar constantemente a las víctimas, ya que en ocasiones se dan casos en los que las víctimas, debido al *shock* emocional o desorientación, han seguido caminando y esto hace que se puedan complicar más las cosas. También se pueden encontrar objetos o pertenencias que se deben entregar inmediatamente a los servicios de la policía.

Revisión de vehículos

En el momento de producirse el accidente se debe comprobar minuciosamente que no haya quedado ninguna víctima atrapada u oculta, ya sea por cuerpos o fragmentos, u objetos valiosos en el maletero, mascotas o elementos peligrosos, (explosivos, petardos de feria) etc., que sean perjudiciales o nocivos para todos.

Retirada de obstáculos

Debido al accidente de tráfico o la realización de las maniobras de rescate existe la probabilidad de que queden fragmentos en la calzada que pueden causar daños irreparables. Para evitar esto se procederá al retiro de los vehículos a una zona más segura.

Limpieza de calzada

Los aceites, combustibles y demás elementos del vehículo pueden provocar accidentes por deslizamiento. Para evitarlo es conveniente realizar exhaustivamente una limpieza para eliminar fluidos o fragmentos que puedan pinchar las ruedas o proyectarlas a los parabrisas.

Toma de datos

El mando ha de realizar una toma de datos y reflejar por escrito aspectos relevantes para el posterior informe, según los criterios establecidos por el servicio.

Reconocimiento final

Tiene como finalidad asegurar que las últimas tareas o responsabilidades han sido desarrolladas exitosamente y ayuda a tener de una manera organizada los datos que se necesitan de los demás intervinientes.

 Aplicación práctica

Recibe la llamada de un testigo que informa de un accidente en la avenida principal de una ciudad. Narra que un vehículo que venía a velocidad excesiva, para evitar el atropello a un peatón en un paso de cebra, lo ha esquivado bruscamente perdiendo el control. Tras varias vueltas de campana, queda volcado en la calzada a 150 m del peatón. En el vehículo hay 2 personas que han quedado atrapadas y con traumas graves, según el testigo. Cuando acude al lugar de los hechos, ¿cómo se organizan los servicios de urgencias?

SOLUCIÓN

Ante la llamada de socorro acuden los servicios de bomberos, sanitarios y policía. La misión de cada uno será:

I La policía baliza la zona, desvía el tráfico para evitar colapsos y facilita el acceso a los diferentes cuerpos de apoyo. Evita el acceso de transeúntes y curiosos al lugar del accidente.

Continúa en página siguiente >>

<< Viene de página anterior

I Los bomberos realizan un control de riesgos inminentes, de los riesgos del vehículo, si hay escapes de combustible y estabilizan el vehículo. Colaboran con el rescate y realizan un rastreo de control de víctimas. Hacen una toma de datos y limpian la calzada.

I Los servicios sanitarios evalúan el estado de las víctimas, priorizan el rescate en colaboración con los bomberos y ayudan a la extracción de las mismas. Dan apoyo emocional y social y realizan el triage. Organizan el traslado de los pacientes y hacen limpieza sanitaria.

9. Resumen

La descarceración es la técnica empleada en el rescate de víctimas que están aprisionadas tras haber sufrido un accidente: quedar bajo escombros, maquinaria pesada, etc. y los materiales más usados son la cizalla, los cilindros hidráulicos, las pinzas separadoras, la bomba cortapedales y los cojines neumáticos.

Las técnicas de descarceración con medios de fortuna más empleadas son la técnica de la anaconda, la cuchara y la de Reutek.

El material de rescate puede ser individual: tipos de arnés, mosquetones, casco, frontal, etc.; o colectivo: cuerdas, cintas, cordinos y placas organizadoras.

Las técnicas de rescate son: la técnica por descenso, ascenso, horizontal y derrumbes de estructuras y accidentes de tráfico.

Las posiciones básicas del vehículo son: vehículo en posición de marcha, vehículo en posición de volcado lateral y vehículo en posición de volcado total con vuelo posterior.

Entre las medidas de seguridad, llevar el equipo adecuado y en regla es fundamental para el desempeño de una buena actuación dentro del área de intervención.

Para que en la zona de actuación se realice un trabajo de rescate, descarcelación, atención a la víctima y estabilización del vehículo es necesario contar con el apoyo conjunto de los servicios policiales, sanitarios y bomberos.

Ejercicios de repaso y autoevaluación

1. **Los materiales de descarceración que se deben utilizar ante un accidente de tráfico son:**

    a. Pinzas separadoras, casco y mosquetón.
    b. Gato hidráulico, cojín neumático y arnés.
    c. Mosquetón, arnés y polea.
    d. Pinzas separadoras, cojín neumático y cilindro hidráulico.

2. **El material de protección individual consta de...**

    a. ... manta térmica, casco y arnés integral.
    b. ... cordinos, cuerdas y frontal.
    c. ... manta térmica, placas organizadoras y descensores.
    d. ... mosquetones, descensores y cintas.

3. **Las técnicas básicas de rescate son:**

    a. Técnica de rescate de Rautek y de rescate por descenso.
    b. Técnica de rescate por descenso.
    c. Técnica de rescate horizontal y vertical.
    d. Técnica de rescate por descenso y de rescate horizontal.

4. **¿Cuáles son los elementos básicos de la seguridad pasiva?**

    _____
    _____
    _____
    _____

5. **Seleccione la técnica más adecuada para cada una de las siguientes situaciones.**

    a. Lesionado consciente que tras fuerte traumatismo refiere dolor en fosa iliaca izquierda con deformidad, acortamiento y rotación en miembro inferior izquierdo, así como deformidad en clavícula- hombro izquierdo y se encuentra en zona insegura.

    b. Lesionado con deformidad del brazo derecho. Se queja mucho de dolor.

    c. Lesionado inconsciente con respiración y pulso, situado en sitio seguro.

    d. Lesionado inconsciente con respiración y pulso, cerca de un coche que está derramando gasolina.

    e. Lesionado inconsciente con respiración y pulso, echado sobre el volante de un coche.

    f. Lesionado consciente, con deformidad en muslo derecho, con mucho dolor. Se encuentra en lugar seguro.

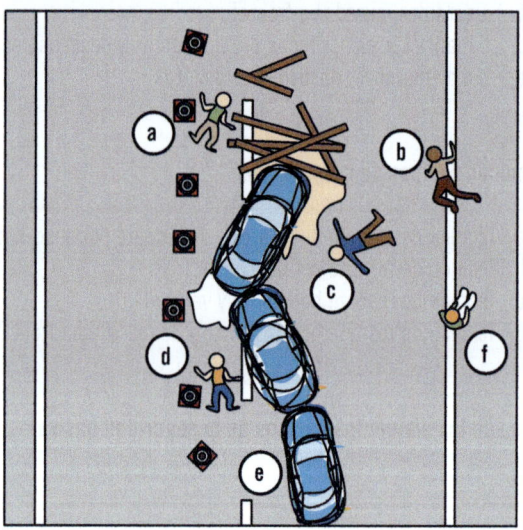

Capítulo 3

Conducción en situaciones adversas

Contenido

1. Introducción

En este capítulo se expondrá que no hay diferencias en cuanto a la conducción de vehículos de asistencia sanitaria con respecto al resto de vehículos cuando se trata de condiciones atmosféricas, situación del tráfico y el resto de elementos que intervienen en la circulación. La principal diferencia radica en el profesional que se sitúa a los mandos del vehículo.

El técnico de emergencias sanitarias (TES) tiene como objetivo principal en su trabajo diario llevar al grupo de profesionales que conforman el equipo al lugar donde sean requeridos, dentro de los estándares de seguridad correctos.

Se instruirá acerca de las técnicas de conducción de vehículos prioritarios, los cuales, a su vez, tendrán que circular en las diferentes condiciones o situaciones climatológicas que se pueden encontrar utilizando las medidas necesarias para mantener en todo momento el nivel de seguridad requerido y exigido en este tipo de servicios.

La seguridad vial, la normativa legal vigente sobre la conducción y los vehículos prioritarios también son parte de este capítulo, por lo que se expondrán en la parte final del mismo resaltando la importancia de conocer las normas y acatarlas para disminuir la probabilidad de accidentes de vehículos, peatones y animales que ocasionan no solo daños materiales sino lesiones graves en las víctimas, incluso la muerte.

2. Técnicas de conducción de vehículos prioritarios

Existen diferencias en la conducción según sea en población o fuera de esta.

En población ha de hacerse con suma precaución debido a las incidencias que se pueden encontrar en la calle (semáforos, cruces, peatones, tráfico), los distintos tipos de pavimento sobre los cuales se circule (mojado en parte, con cera de la Semana Santa, con socavones o irregularidades como badenes, baches, etc.), los usuarios que no respeten la señalización o no escuchen las señales que se emiten, etc. para cometer el menor número de infracciones posible.

La conducción en carretera es algo menos estresante sin dejar de prestar siempre la mayor atención, pudiendo encontrar dificultades que la propia vía nos ofrezca (cambios de rasante, curvas sin visibilidad, adelantamientos no recomendados por motivos del tráfico, etc.).

También ha de tenerse en cuenta que la técnica de la conducción varía de forma considerable desde el momento en que se dirige hacia la asistencia, que será por la vía más segura y rápida, hasta cuando se vuelve con el paciente, que será una conducción más prudente y regular, a una velocidad constante, sin frenazos ni aceleraciones, haciendo un uso adecuado de los sistemas acústicos y todo ello por una ruta adecuada, para que el traslado del paciente sea lo más seguro y confortable posible, ganando también un alto porcentaje de seguridad para el equipo.

Son considerados vehículos prioritarios todos aquellos que circulen en servicio de urgencias, portando unos identificadores para el resto de usuarios de tipo visuales (rotativos) y/o acústicos (sirenas).

 Recuerde

El grupo que compone los vehículos prioritarios son aquellos de los servicios policiales, bomberos, Protección Civil, asistencia sanitaria y servicios de salvamento.

En el *Real Decreto Legislativo 6/2015, de 30 de octubre, por el que se aprueba el texto refundido de la Ley sobre Tráfico, Circulación de Vehículos a Motor y Seguridad Vial*, se recogen las facultades de los conductores de vehículos prioritarios, que se pueden resumir en:

- Podrán circular por encima de los límites de velocidad y estarán exentos de cumplir otras normas o señales.

- No infringirán el derecho de paso hasta estar seguros de que el resto de usuarios de la calzada ha advertido su presencia y la consiguiente maniobra que pretende realizar, para que le faciliten la suya.
- Tienen la posibilidad de infringir las normas de circulación en autovías y autopistas (dar media vuelta, circular marcha atrás, ir en sentido contrario al de la calzada, etc., cuando se realice utilizando el arcén).
- Dejarán de utilizar las señales acústicas junto a las luminosas, que siempre deberán mostrar, cuando estas sean peligrosas o molestas para el resto de usuarios.

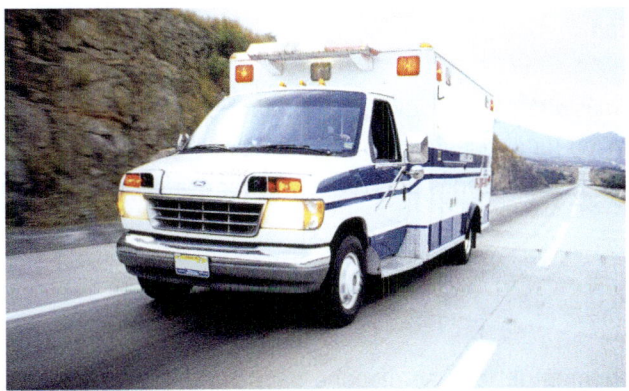

Vehículo prioritario con señales acústicas en funcionamiento

Todo ello, cuando se circule en servicio de urgencias y así se señalice, extremando las precauciones para eliminar los riesgos de atropello, colisión o cualquier otro perjuicio para el resto de usuarios de la vía y bajo la exclusiva responsabilidad del conductor.

Al conducir una ambulancia, se debe estar concentrado para aumentar la capacidad de analizar todos los elementos de la vía y conseguir tomar las mejores decisiones posibles en cada instante, basándose siempre en tres principios fundamentales: visión, anticipación y espacio.

Sabía que...

Mirar a los lados aumenta el campo de visión, para una mayor información y reflejos en la conducción. Junto con la utilización de los espejos retrovisores aportan entre 5 y 15 s en ciudad o carretera, respectivamente. Girar la cabeza unos 45° como máximo, ayuda a evitar el ángulo muerto de nuestro vehículo.

2.1. Visión

Mirar más allá del vehículo que va delante, para anticiparse a cualquier tipo de peligro, en un supuesto caso, 20 s antes de que ocurra. Con esto se conseguirá tomar las decisiones oportunas y evitar esa situación de peligro.

2.2. Anticipación

Es el tiempo del que se dispone para evitar que los riesgos sean mayores y reducir el espacio recorrido antes de reaccionar ante posibles imprevistos. Hay que tener precaución con los demás conductores y esperar siempre la peor reacción para poder anticiparse a las situaciones.

 Sabía que...

Es necesario señalizar todas las maniobras y ser conscientes del ángulo muerto del resto de los vehículos, prestando especial atención a los vehículos pesados en los que el ángulo es mayor y son más lentos a la hora de reaccionar.

Servirá como ejemplo de anticipación la siguiente circunstancia: si al llegar a una intersección un coche se aproxima a un stop, puede pensarse que no se detendrá, esto hará al resto de conductores reducir la velocidad y estar preparados con el pie por encima del freno, reduciendo el tiempo que se tardaría en pisarlo en caso de necesidad y ganando metros para detener el vehículo.

Vehículo ante un stop

2.3. Espacio

Es la distancia de seguridad necesaria para poder detener el vehículo en cualquier situación de tráfico, la calzada, las condiciones meteorológicas, etc. Para calcularla se aplica la siguiente fórmula:

Distancia de reacción + Distancia de frenado = Distancia de detención

La **distancia de reacción** es la que recorre el vehículo desde que un peligro es percibido hasta que el conductor reacciona. Esta varía según el tiempo de reacción (de media ¾ de segundo) y de la velocidad a la que circule, por ejemplo, a 80 km/h la distancia de reacción es de 16,5 m y a 110 km/h es de 21,5m.

A esto hay que añadir que una ambulancia estándar, según la ley, necesita 75 m a una velocidad de 80 km/h para detenerse, siendo esta la distancia de frenado.

Definición

Distancia de frenado
La distancia que necesita un vehículo para detener su movimiento desde que se activa el freno.

La suma de estas dos componentes da como resultado (suponiendo óptimas la reacción del conductor, el mantenimiento del vehículo y el buen estado de la calzada) que se recorren 91,5 m desde que el obstáculo es percibido por el conductor hasta que el vehículo se detiene.

Por lo anterior, se puede deducir que en ciudad la distancia de seguridad, en tiempo, con el vehículo que va delante debe ser de un mínimo de 2 s y en carretera de 3 s. Para calcular esta distancia, se toma una referencia fija en la calzada y se cuenta "mil ciento uno, mil ciento dos", si se trata de una vía urbana; y "mil ciento tres". si es interurbana cuando el vehículo precedente pase por ella. Si al terminar de contar el vehículo está llegando a dicha referencia, la distancia será la correcta.

Ambulancia circulando por vía urbana

Otro factor muy importante a tener en cuenta en la conducción de vehículos prioritarios es la utilización de señales, tanto acústicas como luminosas, que dependiendo de la vía y el lugar en el que se conduzcan, son utilizadas de maneras muy diversas. Los artículos 68.2, 111 y 112 del **Reglamento General Circulación** (RGC) hacen referencia a la necesidad de usar las señales luminosas y acústicas cuando se circule en servicio de urgencia, incluyendo la salvedad de que:

Los conductores de los vehículos prioritarios deberán utilizar la señal luminosa aisladamente cuando la omisión de las señales acústicas especiales no entrañe peligro alguno para los demás.

Las siguientes recomendaciones engloban el uso general de las señales tanto acústicas como luminosas:

- Hacer uso de las señales luminosas en todos los casos en que la unidad se encuentre en situación emergencia.

- Hacer uso de las señales acústicas en los siguientes casos:

    - Circulación fluida, pero densa.
    - Adelantamientos en vías de un solo carril por sentido.
    - Cruces con semáforo en rojo o ámbar, haciendo uso de las mismas, como mínimo, 50 m antes de la llegada a la intersección.
    - Cruces sin semáforo, se tenga o no preferencia de paso.
    - Calles o vías con gran afluencia de tránsito o pasos de peatones.
    - Cuando se realicen invasiones del carril del sentido contrario.
    - En curvas o rasantes con mala o nula visibilidad.
    - Cuando por condiciones de emergencia se realicen maniobras de especial riesgo, como por ejemplo, el acceso a una calle en sentido contrario.
    - En el resto de situaciones no descritas en las cuales se aumente la seguridad del resto de ocupantes de la vía pública, así como la del equipo.

No se hará uso de las señales acústicas en los siguientes casos:

- Circulación fluida sin densidad de tráfico.
- Circulación o adelantamientos en vías de más de un carril por sentido, cuando no exista densidad de tráfico.
- Cruces con semáforo en verde.
- En las cercanías de un siniestro con características especiales (cuando intervienen unidades psiquiátricas).
- Cercanía a hospitales.
- En el resto de casos en los cuales suponga alteración del orden público o cause molestias.
- Cuando la patología del paciente lo desaconseje.

Con respecto a la utilización de la vía por los vehículos de servicio sanitario urgente, se destacan también otras técnicas de uso prioritario como llevar la distancia de seguridad adecuada con el vehículo precedente, según se citó anteriormente.

En vías de más de un carril por sentido, las técnicas son varias: usar siempre el carril de la izquierda sin necesidad de abandonarlo, para evitar el cambio reiterado de carril y situaciones inesperadas con otros conductores, evitándose así maniobras bruscas e incluso detenciones innecesarias.

Vía de varios carriles

En situaciones de atascos en vías con separación física de ambos sentidos, se debe circular sobre las líneas separadoras del carril izquierdo y el contiguo a este a su derecha, permitiendo al resto de los conductores realizar maniobras sencillas, evitando además, en vías de tres carriles, el desplazamiento de los vehículos de gran tonelaje que normalmente ocupan el carril derecho.

En las vías en las que no haya separación entre ambos carriles, hay que circular por el izquierdo, evitando poner en peligro a los vehículos que ceden el paso y no dejando que invadan el sentido contrario de la marcha.

En situaciones de extremo colapso, se puede optar por la invasión del carril de sentido opuesto, siempre que la visibilidad de los vehículos que puedan circular por el mismo sea absoluta y abandonando este en la proximidad de curvas o cruces, teniendo en cuenta la moderación de la velocidad.

Hay que evitar circular por el arcén, debido a las interrupciones por las incorporaciones y salidas de la vía. También, adelantar siempre por la izquierda, exceptuando las cercanías de desviaciones a otras vías de incorporación por la derecha.

En vías de un solo carril por sentido, hay que tener en cuenta lo siguiente: mantener la distancia de seguridad según procedimientos y adelantar y usar el arcén según la norma para vías de dos o más carriles por sentido.

Invadir el carril contrario exclusivamente al adelantar y hacerlo pasando a los vehículos de uno en uno para evitar poner en peligro al usuario de la vía contraria.

En caso de tráfico denso, circular por la vía divisoria, volviendo al carril propio tan pronto sea posible.

Vía de un solo carril para cada sentido

En la circulación de dos o más vehículos de emergencia juntos: en primer lugar, se colocará el que menores señales ofrezca. Se respetará la distancia de seguridad entre ellos, conducirán siempre por el mismo carril que el primer vehículo y utilizarán siempre los indicadores de dirección para advertir las maniobras al resto de usuarios. En los cruces se tendrá especial atención al vehículo que va detrás, puesto que no suele ser visto ni oído por los demás conductores.

Varios vehículos de emergencia

3. Técnicas de conducción en situaciones climatológicas adversas

La conducción por sí sola ya implica un alto nivel de atención por las incidencias en la vía y de los demás usuarios. Si se le suma otro factor más como son las circunstancias climatológicas adversas, aparte de la atención prestada a la vía entrarán en juego la destreza y habilidad del conductor para afrontar el nuevo grado de dificultad que supone la conducción de un vehículo prioritario.

3.1. La lluvia

Es un fenómeno atmosférico que influye negativamente en la conducción y exige que se preste mayor atención por la reducción de visibilidad y la pérdida de adherencia de la calzada a causa del agua. Al caer las primeras gotas es cuando más cuidado ha de tener el conductor, porque al mezclarse el agua con el polvo, la grasa y otros restos depositados en la calzada, esta se convierte en un firme peligroso y resbaladizo.

Conducción en situación de lluvia

Existen unas cuestiones que ha de tener en cuenta el conductor para mejorar la adherencia y con ella la seguridad en la conducción.

Estas son:

- Un buen mantenimiento de los neumáticos (dibujo adecuado y presión correcta) hacen que la banda de rodadura se adhiera bien al firme. Un neumático con el dibujo gastado es completamente incompatible con la seguridad, sobre todo, en condiciones de humedad.
- Los frenos son otro factor a tener en cuenta que hay que revisar cada cierto tiempo al conducir en condiciones de lluvia. Para aumentar la eficacia basta con pisar con suavidad el freno y así conseguir que por el efecto del rozamiento de las pastillas con el disco produzcan calor y eliminen la humedad y de esta manera conseguir una frenada perfecta. Esta maniobra se repetirá con bastante frecuencia en estas condiciones climatológicas.
- Una frenada suave y a pedaladas cortas, progresivas y sin brusquedad, evitará el bloqueo de las ruedas y el consiguiente patinazo en la vía.
- Anticiparse bastante antes de lo que se haría en condiciones normales, aumentando la distancia de seguridad y frenado por lo menos al doble.
- Llevar una velocidad más reducida, en especial. al aproximarse a curvas, tramos de pavimento empedrados, asfalto brillante, zonas con charcos, hojas caídas de los árboles o barro.

 **Recuerde**

Aumentar la distancia de frenado conlleva que también incrementar la distancia de seguridad con el vehículo que precedente. Se evitarán sustos innecesarios.

Concepto de *aquaplaning*

Es la pérdida de control del vehículo ante la falta de adherencia de las ruedas al asfalto producida por el agua. Concretamente, el INTRAS (Instituto de Investigación en Tráfico y Seguridad Vial) define el *aquaplaning* como:

En suelos muy mojados se puede producir el fenómeno llamado aquaplaning, circunstancia que ocurre cuando un neumático pierde el contacto con el pavimento al ser incapaz de evacuar en cantidad suficiente el agua que encuentra a su paso.

Vía deslizante por lluvia que presenta riesgo de aquaplaning

Entre sus causas, el mismo manual de prevención destaca:

[…] la velocidad excesiva, el desgaste del dibujo del neumático, el elevado espesor de la capa de agua o un pavimento con escasa capacidad de filtración de agua.

Según el INTRAS, las consecuencias del *aquaplaning* son fatales para la seguridad, ya que en esta situación:

[…] se pierde la efectividad de la frenada (con el consiguiente alargamiento de la distancia de frenada), se pierde el control sobre la dirección y la respuesta a la aceleración también se ve gravemente afectada.

Ante situación de *aquaplaning*, el *Manual de prevención de accidentes de tráfico en el ámbito laboral in-itinere y en misión*, recomienda hacer lo siguiente:

Soltar suavemente el acelerador, sujetar firmemente el volante y no pisar el freno, pues de esa forma bloquearía fácilmente la dirección.

Consejo

Para evitar el aquaplaning es prioritario reducir la velocidad ayudando así a que los neumáticos puedan desalojar el agua del firme.

Es importante saber que cuando llueve, a mayor velocidad:

- Mayor cantidad de agua tienen que desalojar los neumáticos, con el peligro de saturar los canales de drenaje; y menor presión ejercerá la masa del vehículo sobre ellos para agarrarse al asfalto.
- En situaciones con gran cantidad de charcos hay que evitar pasar por ellos o intentar esquivarlos, si el tráfico lo permite y no se crean situaciones de peligro. En todo caso, moderar la velocidad para evitar deslizamientos, salpicaduras y molestias a otros usuarios o peatones.

Cuando un tramo de calzada esté anegado de agua:

- Si pudiese atravesarse, se haría en primera y a velocidad constante; en caso negativo, se buscaría una ruta alternativa.
- Una vez atravesado, comprobar inmediatamente la eficacia de los frenos, pisando repetidamente para secar los discos y las pastillas, antes de volver a adquirir la velocidad deseada de marcha.

Consejo

Cuando llueve con tal intensidad que la conducción, aun reduciendo la velocidad, encendiendo las luces y adoptando las medidas de precaución adecuadas, se convierte en una tarea imposible, es mejor estacionar en lugar permitido y seguro hasta que disminuya la intensidad.

Medidas que el conductor debe adoptar para mejorar la visibilidad

La lluvia es un factor climatológico que provoca una pérdida de visibilidad, debido al intenso goteo en los cristales del vehículo y al vaho producido por el cambio de temperatura del exterior con el interior del mismo, quedando de igual manera afectados los retrovisores y los faros. Para mejorar la visibilidad, el conductor debe:

- Encender la luz de corto alcance o de cruce cuando la lluvia es intensa.
- Si la lluvia fuese muy intensa, aumentaríamos la visibilidad del vehículo al resto de conductores con las luces antiniebla delanteras y traseras.

Vehículo con luces antiniebla traseras

- La luz de niebla posterior solo se encenderá cuando estén las luces (de posición o de cruce) encendidas. Sin esta combinación no se encienden.

Vista de la carretera a través de un parabrisas con salpicaduras

- Tener siempre limpios todos los parabrisas y ventanillas, así como los retrovisores y tulipas de las luces.
- Activar el limpiaparabrisas y el limpiafaros y lunetas posteriores, siempre y cuando el vehículo disponga de ellos. Accionar el lavaparabrisas cuando sea necesario.
- Eliminar el vaho del interior del parabrisas con los medios de ventilación del vehículo.
- Prevenir las salpicaduras en el parabrisas de los vehículos que nos preceden, los que se cruzan con nosotros y, sobre todo, prestar especial atención a los vehículos pesados y autobuses, dado que provocan una momentánea falta de visibilidad.
- Adecuar la velocidad a la zona de visibilidad disponiendo así de más tiempo para reaccionar adecuadamente.

3.2. La nieve

Es el fenómeno climatológico por el cual el agua de lluvia, por efecto de la baja temperatura, se congela y cae de forma sólida.

En los primeros copos caídos, cuando está muy blanda, la conducción se vuelve tan peligrosa como en la lluvia, debido a la mezcla del polvo y la grasa del asfalto que provocan que el firme se vuelva muy resbaladizo.

Vehículo bajo la nieve

El estado prolongado de la nieve en la calzada se congela y endurece (se hiela) provocando una pérdida de adherencia de los neumáticos y el consiguiente peligro de deslizamiento. Para evitar esos efectos y mejorar la adherencia se adoptará una serie de pautas o normas, como:

- Se debe conducir suavemente en las vías nevadas, sin movimientos bruscos ni cambios de marcha repentinos.
- Utilizar con suma delicadeza los frenos, el acelerador, el cambio y la dirección.
- Mantener al día tanto los neumáticos como los frenos, con el reglaje adecuado.
- Frenar siempre con muchísima suavidad.
- Comprobar la eficacia de los frenos continuamente, para que desprendan la humedad, tal como se hacía con la lluvia.
- Aumentar la distancia de seguridad con el vehículo que nos precede.
- Adecuar la velocidad a las circunstancias de cada caso o situación con el fin de facilitar la adherencia y evitar los deslizamientos.
- Usar cadenas, al menos, en las ruedas motrices antes de que el vehículo comience a patinar y en lugar donde no suponga peligro para los demás.
- Los guardabarros se saturan de nieve, así que de vez en cuando parar y limpiarlos para que no afecten en la conducción.
- Seguir las rodaduras dejadas por otros vehículos y evitar adelantamientos aumentará la seguridad en la adherencia.

Rodada en la calzada

En las curvas se debe:

- Entrar de tal forma que no sea necesario usar los frenos en todo su desarrollo, debido a que las ruedas delanteras tienen más probabilidad de bloquearse si se frena mientras se gira la dirección.
- Circular a velocidad constante y con una relación de marchas altas para evitar brusquedades que provoquen deslizamientos.

Arrancar el vehículo sobre nieve ofrece dificultades porque las ruedas patinan y se hunden. Una manera de evitarlo sería mediante las siguientes recomendaciones:

- Mantener la dirección en línea recta.
- Arrancar en una relación de marcha más alta de lo normal (casi siempre será en segunda) para que la fuerza de tracción de las ruedas se reduzca.
- Soltar muy lentamente el embrague, manteniendo la aceleración constante para no embalar el motor y afianzar aún más la rodada.
- No mover el volante hasta que el vehículo esté ya en movimiento. Si las ruedas se hundieran en la nieve, mover el vehículo hacia atrás y a continuación hacia adelante para salir del hoyo que se haya podido formar.

Las pendientes se deben subir lentamente y a una velocidad constante para:

- Recuperar la velocidad perdida y evitar el patinazo de las ruedas motrices.
- Si el vehículo se parase, sería muy difícil reanudar la marcha.
- Utilizar la relación de marchas más alta posible para evitar el incremento de velocidad brusco en las ruedas motrices y reducir el riesgo de patinazo.
- Mantener la misma relación de marchas en toda la pendiente, evitando los cambios.

Calzada con ligera pendiente

Las pendientes se deben bajar:

- Lentamente y a velocidad moderada en una relación de marchas corta.
- Utilizar el freno motor evitando pisar el pedal de freno lo menos posible y con suma suavidad y anticipación.

Las medidas que debe adoptar el conductor para mejorar la visibilidad en condiciones de nieve, cuando esta se deposita en los cristales, las ventanillas y las luces, disminuyendo así las condiciones de visibilidad, serían las siguientes:

- Accionar los limpiaparabrisas y, si el vehículo dispusiera de ello, el limpiafaros y el limpia lunetas posterior.
- Utilizar los limpiaparabrisas cuantas veces sea necesario para facilitar que se derrita la nieve. Con temperaturas bajo cero, el agua lanzada sobre el parabrisas puede helarse; para ello, es aconsejable añadir anticongelante al agua del depósito del lavaparabrisas, para que disuelva la nieve y no forme capa de hielo sobre el cristal. Detenerse cuantas veces sea necesario para retirar la nieve del parabrisas, de las ventanillas y de los faros y luces, en caso de gran abundancia.
- Encender la luz de corto alcance o de cruce, tanto de día como de noche. De noche, no es conveniente encender las luces de largo alcance por no atravesar la luz la cortina de copos de nieve.
- Utilizar las luces de antiniebla delanteras y traseras si el vehículo dispusiese de ella, en caso de nevada.

Vehículos con luz de cruce

3.3. Hielo

El hielo es un fenómeno muy peligroso, debido al efecto deslizante que posee por su estado sólido. Ante hielo, la conducción requiere mucha prudencia, pericia, reflejos y, sobre todo, extremar las precauciones.

Al arrancar el motor y haber puesto los sistemas de calefacción y ventilación en funcionamiento, no se debe iniciar la marcha hasta que se haya eliminado el hielo y conseguido la visibilidad necesaria. Para eliminarlo se puede utilizar un «rascador», pero teniendo en cuenta que no dañe, ni raye los cristales. También se puede utilizar alcohol para disolver el hielo.

Conducción sobre hielo

Hay zonas de la calzada especialmente propensas al hielo:

- Los lugares húmedos.
- Los lugares sombríos porque no les da el sol.
- Los badenes.
- Los lugares próximos a corrientes de agua.
- Los puentes, pasos elevados y los lugares situados bajo ellos, etc.

Las dificultades con las que el conductor se encuentra al utilizar el vehículo son el primer aviso de que puede existir hielo en la calzada y de que debe estar preparado para reaccionar adecuadamente.

La ralentización de la circulación, tanto en sentido contrario como en los vehículos precedentes, puede ser indicio de una anomalía en la calzada, igual que la circulación lenta con cadenas de los vehículos que transitan en sentido contrario y la existencia de vehículos detenidos a los que les están quitando o poniendo cadenas. Notar que la dirección del vehículo está excesivamente ligera, como si flotara, es otro indicio a tener en cuenta.

En puertos de montaña, las condiciones pueden cambiar de una vertiente a otra. Si al subir se observa que la carretera está húmeda, es previsible que al bajar haya hielo.

Medidas que el conductor debe adoptar para mejorar la adherencia y prevenir los deslizamientos

Cuando se conduce en condiciones de hielo o en carreteras resbaladizas, es crucial que el conductor tome una serie de medidas de seguridad para mejorar la adherencia del vehículo y prevenir los deslizamientos. El hielo puede ser especialmente peligroso porque su presencia a menudo no es evidente a simple vista, y su efecto sobre la conducción puede ser impredecible. Estas son algunas de las **medidas de seguridad** más importantes que deben adoptarse en esas situaciones:

■ **Usar neumáticos de invierno o cadenas**

▮ Neumáticos de invierno: los neumáticos diseñados específicamente para condiciones invernales están hechos de compuestos de goma que se mantienen flexibles a bajas temperaturas.

▮ Cadenas para neumáticos: si las condiciones son extremadamente resbaladizas, las cadenas pueden ofrecer una mayor tracción.

■ **Reducir la velocidad**

▮ Conducir a baja velocidad: en condiciones de hielo, la adherencia de los neumáticos es mucho menor, lo que significa que los vehículos necesitan más tiempo para frenar y maniobrar.

▮ Mantener una velocidad constante y controlada, evitando aceleraciones o frenadas bruscas.

■ **Aumentar la distancia de seguridad**

▮ Distancia de frenado: en superficies heladas, la distancia de frenado se incrementa considerablemente. Mantener una distancia de seguridad mayor con respecto al vehículo que va adelante es crucial para tener tiempo suficiente para reaccionar ante cualquier imprevisto.

▮ Lo ideal es dejar al menos el doble de la distancia habitual cuando se circula por una vía resbaladiza.

■ **Evitar movimientos bruscos**

▮ Aceleración suave: en superficies heladas, se deben evitar aceleraciones bruscas, ya que esto puede hacer que las ruedas patinen. Acelera suavemente para evitar que las ruedas pierdan tracción.

▮ Frenado suave: frenar bruscamente puede hacer que las ruedas se bloqueen, lo que podría generar un deslizamiento o incluso un derrapaje. Usar el freno de manera suave y gradual es esencial.

▮ Evitar giros bruscos: realizar giros suaves y controlados es fundamental. Un giro brusco puede provocar que el vehículo pierda tracción y se deslice.

■ Usar el modo de tracción adecuado

> ▎ Tracción en las 4 ruedas (AWD/4WD): si el vehículo está equipado con tracción en las cuatro ruedas, asegúrate de usarla, ya que ayuda a distribuir el poder de tracción de manera más uniforme, mejorando la adherencia en superficies resbaladizas.
> ▎ Modo de tracción para nieve/hielo: algunos vehículos modernos tienen modos de conducción específicos para condiciones de baja tracción, como nieve o hielo.

■ Mantener el vehículo bien mantenido

> ▎ Revisar los neumáticos: es fundamental asegurarse de que los neumáticos estén en buen estado, con suficiente profundidad de la banda de rodadura (generalmente más de 3 mm). Si los neumáticos están desgastados, pierden capacidad de tracción en superficies resbaladizas.
> ▎ Sistema de frenos: asegúrate de que los frenos estén funcionando correctamente. Los sistemas modernos como el ABS (sistema antibloqueo de frenos) son especialmente útiles en superficies resbaladizas, ya que permiten frenar sin bloquear las ruedas.
> ▎ Limpiar el parabrisas y el sistema de calefacción: mantener el parabrisas limpio y asegurarse de que el sistema de calefacción y los desempañadores funcionen adecuadamente es clave para una visibilidad óptima.

■ Conocer cómo reaccionar ante un deslizamiento

> ▎ Si el vehículo comienza a deslizarse, es importante mantener la calma. No frene bruscamente ni gire el volante de manera violenta.
> ▎ Si el vehículo empieza a derrapar, gire el volante hacia la dirección del deslizamiento (por ejemplo, si el vehículo se desliza hacia la derecha, gire a la derecha). Esto puede ayudar a recuperar la tracción.
> ▎ Si se tiene un vehículo con transmisión manual, poner el coche en neutral puede ser útil para reducir la velocidad del deslizamiento sin añadir más tracción.

■ **Evitar las zonas más peligrosas**

▮ Puentes y túneles: estos lugares tienden a congelarse más rápido que el resto de la carretera debido a que el aire circula por ambos lados del pavimento.

▮ Zonas sombreadas: las partes de la carretera que permanecen en sombra a menudo no se descongelan completamente, incluso durante el día.

 Sabía que...

No existe ningún elemento que permita conducir sobre hielo o nieve en las mismas condiciones de seguridad que se darían conduciendo en pavimento seco y limpio.

3.4. Niebla

Las medidas que el conductor debe tomar para mejorar la visibilidad y la adherencia expuestas anteriormente, al tratar de la lluvia y la nieve, pueden también ser aplicadas para los casos de niebla. Si ver es un hecho importante en la conducción, ser vistos por los demás es otro factor imprescindible a considerar.

Vehículo en la niebla

La niebla, cuando es muy espesa, anula completamente la visibilidad y reduce la adherencia de los neumáticos al mojarse el pavimento. Los consejos a destacar en la conducción con niebla espesa son:

- Es recomendable utilizar la luz de cruce, aumenta el campo de visión debido a la proyección hacia el suelo de las gotas de agua.
- Encender las luces antiniebla delanteras y traseras, si el vehículo dispone de ellas. Estas, por su diseño, penetran eficazmente sobre la niebla, iluminando una zona más amplia y aumentando la visibilidad. La luz antiniebla posterior es de extraordinaria importancia para ser vistos por los que circulan detrás. Únicamente debe llevarse encendida cuando la niebla sea espesa, pues deslumbra.
- Aumentar la distancia de seguridad, así se tendrá más espacio para reaccionar ante cualquier cambio o maniobra del vehículo que precede. No olvidar que solo se ven los pilotos traseros del vehículo que va delante, pero no la carretera ni las situaciones de tráfico con que el conductor se va a encontrar.
- Reducir la velocidad adecuándola a las circunstancias del peligro por el que circulamos, para poder maniobrar dentro del campo de visión en el cual nos encontramos.
- Evitar adelantamientos innecesarios, ya que la reducción de visibilidad que provoca la niebla impide una buena observación hacia delante. Si fuese necesario, habría que extremar las precauciones.
- Prestar especial atención a las marcas viales. Seguir las líneas longitudinales de la calzada será de gran ayuda en la trayectoria a seguir.

Utilización de luces antiniebla

Aplicación práctica

El invierno presenta condiciones climatológicas extremas con fuertes nevadas y muchas capas de hielo. En un hospital de Madrid le solicitan el traslado de un paciente a otro hospital a 300 km, en el norte. En el camino debe atravesar un puerto de montaña. ¿Qué precauciones tomará antes de emprender la marcha? ¿Y durante ella?

SOLUCIÓN

Antes: obtener información del tiempo que hará durante el trayecto, comprobar los neumáticos y luces del vehículo, asegurarse de llevar el depósito de combustible lleno y cadenas para los neumáticos, si los neumáticos no son de clavos.

Durante: extremar la precaución con la utilización del alumbrado correcto, adecuar la velocidad a la vía, extremar la distancia de seguridad con el vehículo precedente y utilizar el freno de manera suave e intermitente. Si la nevada es moderada, seguir por la rodada de los vehículos precedentes y si fuese intensa, parar en un lugar seguro y colocar las cadenas.

Utilizar la calefacción adecuándola a las circunstancias, mantener los parabrisas limpios y parar para quitar la nieve del guardabarros. Si la nevada fuese extrema, parar en un lugar adecuado y mantener el motor encendido para la calefacción, continuando la marcha en cuanto cesen las condiciones adversas.

---

4. Técnicas de conducción ante problemas mecánicos

La inmensa mayoría de los problemas técnicos que se pueden presentar en la conducción se evitan con un adecuado mantenimiento del vehículo. Ante cualquier eventualidad que ocurra durante marcha que no se pueda solucionar, lo correcto es solicitar ayuda al servicio técnico a través del seguro de asistencia del vehículo.

En el vehículo encontraremos la información para saber si se podrá llegar a destino o si por el contrario hay que detenerlo inmediatamente.

Existe un código de colores en el cuadro de mandos de cualquier vehículo. Estos colores son tres:

- **Rojo:** un testigo encendido de este color significa que existe un problema grave, bien de funcionamiento del vehículo, bien en la seguridad de sus ocupantes, por lo que hay que detener el vehículo y llevarlo al servicio técnico.
- **Amarillo:** se puede continuar, pero a la mayor brevedad posible llevarlo al servicio técnico; cuidado con el testigo de las luces antiniebla traseras que suelen ser de este color.
- **Verde:** normalmente, informa de que hay activado algún sistema de alumbrado.

Cuadro de mandos del vehículo

Hay que tener en cuenta el reventón de un neumático, que se puede producir por varios motivos, como por ejemplo:

- Exceso de temperatura.
- Neumático deformado o deteriorado.
- Exceso de carga del vehículo.
- Presión inadecuada.

Lo primero que se notará será un fuerte estallido, seguido de un tirón de la dirección hacia un lado y una pequeña inclinación de la carrocería. Esto dependerá tanto del tamaño del vehículo como del tipo de neumático que use.

En la actualidad, los hay que permiten mantener perfectamente el control del vehículo. Las consecuencias producidas dependen del tipo de tracción que tenga el vehículo: trasera (propulsión) o delantera (tracción).

Sabía que...

Al llegar el buen tiempo hay que tener precaución con el aumento de las temperaturas, ya que una temperatura en el interior del vehículo superior a los 35 °C puede llegar a significar un peligro similar al de una alcoholemia de 0,5g/l de sangre. Por tanto, es necesario hacer uso del aire acondicionado o climatizador en el interior de la ambulancia, pues dentro de los vehículos es fácil alcanzar de 5 a 15 °C más que en el exterior.

Las posibles combinaciones en reventones de neumáticos y sus soluciones son:

- Vehículo de propulsión - reventada rueda trasera:

  - El diferencial obligará a la rueda que permanece entera a girar más.
  - Con la dirección en perfecto estado, será posible corregir la trayectoria.
  - Mantener la aceleración hasta corregir trayectoria, posteriormente iniciar una deceleración y frenado, suave y progresivos.

Rueda reventada trasera

■ Vehículo de propulsión - reventada rueda delantera:

> ▪ El efecto es más pronunciado que en el caso anterior.
> ▪ La llanta se clavará al asfalto debido al intercambio de pesos del vehículo, de atrás hacia delante, que actúa como eje fijo sobre el que gira el vehículo.
> ▪ En este caso, el uso del freno de manera brusca está totalmente contraindicado.
> ▪ Se recomienda una suave deceleración y tratar de mantener la trayectoria.

■ Vehículo de tracción - reventada rueda trasera:

> ▪ Es el menos peligroso.
> ▪ Al frenar de forma instintiva, se transmite el peso hacia adelante, disminuyendo el rozamiento de la rueda reventada contra el suelo.
> ▪ La utilización brusca del freno no es aconsejable.

■ Vehículo de tracción - reventada rueda delantera:

> ▪ Este es el supuesto más peligroso.
> ▪ Tanto el diferencial como la dirección ayudarán a que el tirón sea más fuerte.
> ▪ La dirección, al clavarse la rueda en el asfalto, se volverá difícil de controlar, se debe mover hacia el lado adonde se desplace el eje trasero.
> ▪ En ningún caso debe tocarse el freno.
> ▪ Procurar conseguir una trayectoria segura y dejar que el vehículo se detenga suavemente.

5. Seguridad vial

El concepto de **seguridad vial** se puede definir como la totalidad de las acciones, procesos y mecanismos que como un conjunto integral logran el correcto funcionamiento de la circulación del tráfico por medio del uso de reglamentos, decretos, disposiciones y normas que se deben tener en cuenta no solo como conductor, sino como peatón o pasajero, para contribuir a la utilización correcta de la vía pública y la prevención de cualquier tipo de accidente de tráfico.

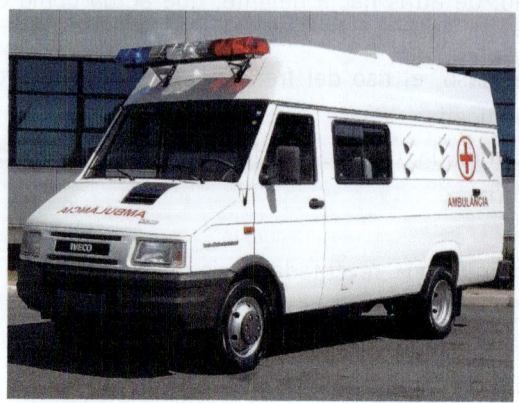

El Consejo Superior de Tráfico y Seguridad de la Circulación Vial es un órgano colegiado consultivo para la mejora del tráfico y la seguridad vial al que pertenecen organizaciones como RACE, Cruz Roja, aseguradoras de automóviles o escuelas de conductores.

5.1. Conceptos básicos

En este apartado se encontrarán los conceptos esenciales utilizados en casos de accidentes de tráfico. Los accidentes se clasifican según tipos como el accidente simple, con lesionados o con muertos y cada uno cuenta con unas características diferentes, muy fáciles de distinguir.

Accidente de tráfico

Es un suceso inesperado e involuntario que puede ser producido por causas mecánicas, físicas, humanas o ambientales, ocasionando colisiones, donde los vehículos quedarán dentro o fuera de la calzada, originando o no, lesiones al conductor, ocupantes, peatones, etc., o incluso la muerte; y daños materiales.

Recuerde

La seguridad vial ofrece a todos los conductores, pasajeros y peatones un conjunto de normas, leyes, etc., que se deben cumplir para evitar una mayor incidencia en cualquier tipo de accidente de tráfico.

Tipos de accidentes

Al referirse a los tipos de accidente se tendrán en cuenta no solo los daños materiales que se puedan ocasionar en el vehículo siniestrado sino también la existencia de lesiones simples, graves o mortales que se produzcan en el conductor, los posibles acompañantes e incluso los peatones.

Accidente simple

En este tipo solo hay daños materiales en el vehículo o vehículos implicados en el accidente y /o en cualquier infraestructura urbana o propiedad. También comprende los que producen lesiones a animales.

Si el siniestro solo produce destrozos en el mobiliario urbano entonces será un accidente simple.

Accidentes con lesionados

Implica que a causa del accidente de tráfico, una o varias personas han tenido lesiones leves o graves que no han terminado en muerte en un lapso de 30 días posteriores al suceso.

Accidentes con muertos

Aquellos en que la o las personas han fallecido a causa del accidente de manera inmediata o durante los 30 días siguientes al suceso.

Accidente mortal

6. Normativa reguladora

A continuación se expondrán los artículos más importantes de esta ley, que serán relevantes para el desarrollo de este capítulo, que están vigentes y vigilados por la Dirección General de Tráfico.

6.1. Real Decreto Legislativo 6/2015, de 30 de octubre, por el que se aprueba el texto refundido de la ley sobre tráfico, circulación de vehículos a motor y seguridad vial

Esta normativa añade la regulación de ciertos aspectos no contemplados en la ley anterior, como algunos relativos a los ciclistas, modificación de calificación de infracciones y se revisa el sistema de señalización.

Artículo 1. Objeto de la Ley

En este artículo se explica:

1. La presente Ley tiene por objeto establecer una regulación legal en materia de tráfico, circulación de vehículos a motor y seguridad vial.

Artículo 2. Ámbito de aplicación

Los preceptos de esta ley serán aplicables en todo el territorio nacional y obligarán a los titulares y usuarios de las vías y terrenos públicos aptos para la circulación, tanto urbanos como interurbanos, a los de las vías y terrenos que, sin tener tal aptitud sean de uso común y, en defecto de otras normas, a los titulares de las vías y terrenos privados que sean utilizados por una colectividad indeterminada de usuarios.

Artículo 8. Composición y funciones

Este artículo se refiere al Consejo Superior de Tráfico, Seguridad Vial y Movilidad Sostenible:

1. El Consejo Superior de Tráfico, Seguridad Vial y Movilidad Sostenible es el órgano de consulta y participación para el impulso y mejora del tráfico, la seguridad vial y la movilidad sostenible y para promover la concertación de las distintas Administraciones Públicas y entidades que desarrollan actividades en esos ámbitos, sin perjuicio de las competencias de las comunidades autónomas que hayan recibido el traspaso de funciones y servicios en materia de tráfico y circulación de vehículos a motor.

En el resto del artículo se especifica la composición de este consejo, sus funciones, y las estipulaciones con respecto al Consejo Superior de Tráfico, seguridad vial y movilidad sostenible.

 **Nota**

El Consejo Superior de Seguridad Vial se estructura en los siguientes órganos: el Pleno, la Comisión Permanente, la Comisión Autonómica, la Comisión Local de Seguridad Vial y los grupos de trabajo.

Artículo 10. Usuarios, conductores y titulares de vehículos

En este artículo regula, entre otros aspectos, lo siguiente:

1. *El usuario de la vía está obligado a comportarse de forma que no entorpezca indebidamente la circulación, ni cause peligro, perjuicios o molestias innecesarias a las personas, o daños a los bienes.*

2. *El conductor debe utilizar el vehículo con la diligencia, precaución y atención necesarias para evitar todo daño, propio o ajeno, cuidando de no poner en peligro tanto a sí mismo como a los demás ocupantes del vehículo y al resto de usuarios de la vía.*

   El conductor deberá verificar que las placas de matrícula del vehículo no presentan obstáculos que impidan o dificulten su lectura e identificación.

Artículo 11. Obligaciones del titular del vehículo y del conductor habitual

En este artículo se regulan las obligaciones del titular de un vehículo, que junto a la de impedir que el vehículo sea conducido por una persona que carezca de permiso o licencia, son:

a. Facilitar a la Administración la identificación del conductor del vehículo en el momento de cometerse una infracción. Los datos facilitados deben incluir el número del permiso o licencia de conducción que permita la identificación en el Registro de Conductores e Infractores del organismo autónomo Jefatura Central de Tráfico.

Si el conductor no figura inscrito en el aludido Registro de Conductores e Infractores, el titular deberá disponer de copia de la autorización administrativa que le habilite a conducir en España y facilitarla a la Administración cuando le sea requerida. Si el titular fuese una empresa de alquiler de vehículos sin conductor, la copia de la autorización administrativa podrá sustituirse por la copia del contrato de arrendamiento.

Artículo 13. Normas generales de conducción

Este artículo se divide en varios puntos. Según el primero, los conductores deberán estar en todo momento en condiciones de controlar sus vehículos. Al aproximarse a otros usuarios de la vía, deberán adoptar las precauciones necesarias para su seguridad, especialmente cuando se trate de niños, ancianos y, en general, personas con discapacidad o problemas de movilidad.

Asimismo, el conductor de un vehículo está obligado a:

[...] mantener su propia libertad de movimientos, el campo necesario de visión y la atención permanente a la conducción, que garanticen su propia seguridad, la del resto de ocupantes del vehículo y la de los demás usuarios de la vía.

El tercer punto prohíbe conducir utilizando cascos o auriculares conectados a aparatos receptores o reproductores de sonido, excepto durante la realización de las pruebas de aptitud en circuito abierto para la obtención de permiso de conducción en las condiciones que se determinen reglamentariamente.

Está estrictamente prohibido usar elementos de distracción cuando se conduce.

Este artículo también prohíbe la utilización durante la conducción de dispositivos de telefonía móvil y cualquier otro medio o sistema de comunicación, excepto cuando el desarrollo de la comunicación tenga lugar sin emplear las manos ni usar cascos, auriculares o instrumentos similares.

 **Importante**

Los conductores y ocupantes de los vehículos están obligados a utilizar el cinturón de seguridad, cascos y demás elementos de protección y dispositivos de seguridad en las condiciones y con las excepciones que, en su caso, se determinen reglamentariamente.

Artículo 14. Bebidas alcohólica y drogas

Este artículo recoge la prohibición de circular para el conductor de vehículos o bicicletas con tasas superiores a las que reglamentariamente se establezcan de bebidas alcohólicas, estupefacientes, psicotrópicos, estimulantes y otras sustancias análogas. Y añade que:

Todos los conductores de vehículos y bicicletas quedan obligados a someterse a las pruebas que se establezcan para la detección de las posibles intoxicaciones por alcohol. Igualmente quedan obligados los demás usuarios de la vía cuando se hallen implicados en algún accidente de circulación.

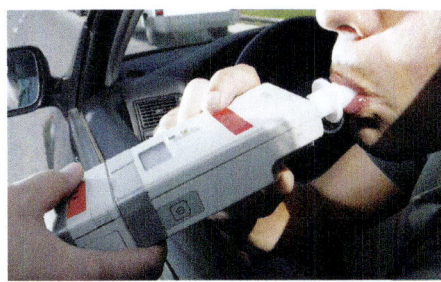

Para prevenir la conducción en estado de embriaguez los Cuerpos de Seguridad del Estado realizan controles.

Artículo 16. Utilización de los carriles

Según el cual, el conductor de un automóvil que no sea para personas de movilidad reducida o vehículo especial de masa máxima autorizada no superior a la que se establezca reglamentariamente, circulará por la calzada y no por el arcén, salvo por razones de emergencia, y deberá, además, atenerse a las reglas siguientes:

- En las calzadas con doble sentido de circulación y dos carriles, separados o no por marcas viales, se circulará por el de la derecha.
- En las calzadas con doble sentido de circulación y tres carriles, separados por marcas longitudinales discontinuas, se circulará también por el de la derecha y en ningún caso por el situado más a la izquierda.
- Fuera de poblado, en las calzadas con más de un carril reservados para el sentido de marcha, se circulará normalmente por el situado más a la derecha, si bien podrá utilizar el resto de los de dicho sentido cuando las circunstancias del tráfico o de la vía lo aconsejen, a condición de que no entorpezca la marcha de otro vehículo que le siga.

Carril de tres calzadas

Artículo 17. Utilización del arcén

Deberán circular por el arcén de la derecha, si fuera transitable y suficiente y, si no lo fuera, por la parte imprescindible de la calzada, los conductores de motocicletas, de turismos y de camiones con peso máximo autorizado, que no exceda del que reglamentariamente se determine que, por razones de emergencia, lo hagan a velocidad anormalmente reducida, perturbando con ello gravemente la circulación.

Artículo 20. Circulación en autopistas y autovías

En este artículo se prohíbe circular por autopistas y autovías con vehículos de tracción animal, bicicletas, ciclomotores y vehículos para personas de movilidad reducida.

No obstante, los conductores de bicicletas podrán circular por los arcenes de las autovías, salvo que, por razones de seguridad vial, se prohíba mediante la señalización correspondiente (apartado 1, modificado por la *Ley 19/2001).*

Artículo 21. Límites de velocidad

Este artículo determina que:

1. *Todo conductor está obligado a respetar los límites de velocidad establecidos y a tener en cuenta, además, sus propias condiciones físicas y psíquicas, las características y el estado de la vía, del vehículo y de su carga, las condiciones meteorológicas, ambientales y de circulación y, en general, cuantas circunstancias concurran en cada momento, a fin de adecuar la velocidad de su vehículo a las mismas, de manera que siempre pueda detenerlo dentro de los límites de su campo de visión y ante cualquier obstáculo que pueda presentarse.*

También establece que las velocidades máxima y mínima autorizadas para la circulación de vehículos a motor se fijarán reglamentariamente y con carácter general, tanto para los conductores, como para los vehículos y las vías, de acuerdo con sus propias características.

 Nota

La velocidad máxima fijada en vías rápidas y carreteras convencionales puede ser superada en 20 km/h cuando se adelante a vehículos que circulen a velocidad inferior.

Artículo 22. Distancias y velocidad exigible

Dice que salvo en caso de inminente peligro, todo conductor, al reducir la velocidad, deberá cerciorarse de que puede hacerlo sin riesgo para otros conductores y está obligado a advertirlo previamente y a realizarlo de forma que no produzca riesgo de colisión con los vehículos que circulan detrás del suyo.

Importante

También establece que todo conductor de un vehículo que circule detrás de otro deberá dejar entre ambos un espacio libre que le permita detenerse, en caso de frenado brusco, sin colisionar con él, teniendo en cuenta especialmente la velocidad y las condiciones de adherencia y frenado.

Además, los vehículos con peso máximo superior al autorizado que reglamentariamente se determine y los vehículos o conjuntos de vehículos de más de 10 metros de longitud total, deberán guardar, a estos efectos, una separación mínima de 50 m.

Artículo 25. Conductores, peatones y animales

Este artículo concreta que los conductores tienen prioridad de paso para sus vehículos, respecto de los peatones, salvo en los casos siguientes:

a. *En los pasos para peatones debidamente señalizados.*

b. *Cuando vayan a girar con su vehículo para entrar en otra vía y haya peatones cruzándola, aunque no exista paso para estos.*

c. *Cuando el vehículo cruce un arcén por el que estén circulando peatones que no dispongan de zona peatonal.*

El segundo punto indica que en las zonas peatonales, cuando los vehículos las crucen por los pasos habilitados al efecto, los conductores tienen la obligación de **dejar pasar a los peatones** que circulen por ellas; y que también deberán ceder el paso:

a. *A los peatones que vayan a subir o hayan bajado de un vehículo de transporte colectivo de viajeros, en una parada señalizada como tal, cuando se encuentren entre dicho vehículo y la zona peatonal o refugio más próximo.*

b. A las tropas en formación, filas escolares o comitivas organizadas.

Prioridad de paso para el vehículo que
no tiene la señal de "ceda el paso"

Artículo 27. Vehículos en servicios de urgencia

Tendrán prioridad de paso sobre los demás vehículos y otros usuarios de la vía los vehículos de servicio de urgencia públicos o privados, cuando se hallen en servicio de tal carácter.

Podrán circular **por encima de los límites de velocidad** establecidos y estarán exentos de cumplir otras normas o señales, en los casos y con las condiciones que reglamentariamente se determinen.

Vehículo prioritario en servicio de urgencia

Artículo 51. Obligaciones en caso de accidente o avería

Acerca de la prestación de auxilio en caso de accidente de tráfico, el artículo 51 establece dos condiciones:

1. *Los usuarios de las vías que se vean implicados en un accidente de tráfico, lo presencien o tengan conocimiento de él, estarán obligados a auxiliar o solicitar auxilio para atender a las víctimas, si las hubiere, prestar su colaboración para evitar mayores peligros o daños, restablecer, en la medida de lo posible, la seguridad de la circulación y esclarecer los hechos.*

2. *Si por causa de accidente o avería el vehículo o su carga obstaculizaren la calzada, los conductores, tras señalizar convenientemente el vehículo o el obstáculo creado, adoptarán las medidas necesarias para que sea retirado en el menor tiempo posible, debiendo sacarlo de la calzada y situarlo cumpliendo las normas de estacionamiento siempre que sea factible.*

 Sabía que...

Al presenciar cualquier tipo de accidente, las personas que se presten a colaborar deben tener conocimientos básicos para evitar lesiones secundarias a los posibles heridos.

7. Normativa específica para vehículos prioritarios

Según el artículo 68 del *Real Decreto 1428/2003, de 21 de noviembre,* los vehículos prioritarios se definen de la siguiente manera:

2. *Tendrán el carácter de prioritarios los vehículos de los servicios de policía, extinción de incendios, protección civil y salvamento, y de asistencia sanitaria, pública o privada, que circulen en servicio urgente y cuyos conductores adviertan de su presencia mediante la utilización simultánea de la señal luminosa, a que se refiere el artículo 173, y del aparato emisor de señales acústicas especiales, al que se refieren las normas reguladoras de los vehículos.*

A continuación se citan los artículos que regulan los vehículos prioritarios, facultad de los conductores, comportamiento de los demás conductores y los vehículos no prioritarios.

Excepcionalmente, los conductores de los vehículos prioritarios podrán utilizar la señal luminosa aisladamente cuando la omisión de las señales acústicas especiales no entrañe peligro para los demás usuarios.

7.1. Real Decreto 1428/2003, de 21 de noviembre, por el que se aprueba el Reglamento General de Circulación para la aplicación y desarrollo del texto articulado de la Ley sobre Tráfico, Circulación de Vehículos a Motor y Seguridad Vial, aprobado por el Real Decreto Legislativo 339/1990, de 2 de marzo.

El Reglamento General de Circulación es el conjunto de normas y preceptos que deben observar todos los implicados (peatones, conductores, etc.) en la circulación de vehículos a motor para garantizar un desarrollo correcto del tráfico en cualquier tipo de vía y prevenir posibles accidentes.

A continuación, se detallan los artículos del real decreto que afectan a la temática que se está tratando en este manual.

Artículo 67. Vehículos prioritarios

Regula la prioridad de paso sobre los demás vehículos y otros usuarios de la vía de los vehículos de servicios de urgencia, cuando participen en una emergencia. También puntualiza que estos vehículos podrán circular por encima de los límites de velocidad y estarán exentos de cumplir otras normas o señales en determinados casos.

 Importante

Los conductores de vehículos prioritarios deberán adoptar extremadas precauciones, hasta cerciorarse de que no existe riesgo de atropello a peatones y de que los conductores de otros vehículos han detenido su marcha o se disponen a facilitar la suya.

También recoge este artículo que la instalación de aparatos emisores de luces y señales acústicas especiales en vehículos prioritarios requerirá autorización de la Jefatura Provincial de Tráfico correspondiente.

 Recuerde

Los vehículos prioritarios o vehículos de emergencia pueden ser públicos o privados y harán uso de su régimen especial únicamente cuando estén en servicio activo.

Artículo 68. Facultades de los conductores de los vehículos prioritarios

Los conductores de vehículos prioritarios deberán observar las normas de este reglamento, aunque podrán dejar de cumplir -bajo su exclusiva responsabilidad- las normas citadas, (excepto las órdenes y señales de los agentes), a condición de haberse cerciorado de que no ponen en peligro a ningún usuario de la vía.

Además, podrán dar media vuelta o marcha atrás, circular en sentido contrario al correspondiente a la calzada, siempre que lo hagan por el arcén; o penetrar en la mediana o en los pasos transversales de las autovías o carreteras, siempre que no comprometan la seguridad del usuario.

Según reza en el artículo 68, bajo su responsabilidad y garantizando la seguridad de los usuarios de la vía, el conductor del vehículo prioritario podrá circular en sentido contrario al correspondiente a la calzada.

Artículo 69. Comportamiento de los demás conductores respecto de los vehículos prioritarios

Tan pronto perciban las señales especiales de un vehículo prioritario que se aproxima, los demás conductores tomarán las medidas adecuadas, para facilitarles el paso.

Artículo 70. Vehículos no prioritarios en servicio de urgencia

En circunstancias especiales un conductor de vehículo no prioritario puede verse avocado a tener que efectuar un servicio normalmente reservado a los prioritarios, entonces:

[...] Procurará que los demás usuarios adviertan la especial situación en que circula, utilizando para ello el avisador acústico en forma intermitente y conectando la luz de emergencia, si se dispusiera de ella, o agitando un pañuelo o procedimiento similar.

Art.70.1.

También establece en su punto 2 que los conductores a que se refiere el apartado anterior deberán respetar las normas de circulación, sobre todo, en las intersecciones.

Vehículo no prioritario efectuando un servicio de emergencia

Aplicación práctica

Usted, técnico sanitario, conduce la ambulancia y sabe que tiene prioridad de paso para su vehículo sobre los peatones, excepto ¿en qué casos?

SOLUCIÓN

Según el artículo 65 del Real Decreto 1428/2003, de 21 de noviembre, con respecto a la prioridad de paso de los conductores sobre los peatones:

1. Los conductores tienen prioridad de paso respecto de los peatones, salvo en los casos siguientes:

    a. En los pasos para peatones debidamente señalizados.
    b. Cuando vayan a girar con su vehículo para entrar en otra vía y haya peatones cruzándola.
    c. Cuando el vehículo cruce un arcén por el que estén circulando peatones que no dispongan de zona peatonal.

Continúa en página siguiente >>

<< Viene de página anterior

2. En las zonas peatonales, al cruzarlas por los pasos habilitados al efecto, los conductores tienen la obligación de dejar pasar a los peatones que circulen por ellas.
3. También deberán ceder el paso:

    a. A los peatones que suban o bajen de un vehículo de transporte colectivo, en una parada señalizada, cuando se encuentren entre dicho vehículo y la zona peatonal o refugio más próximo.

    b. A las tropas en formación, filas escolares o comitivas organizadas.

8. Resumen

Las técnicas más comunes en la conducción de vehículos prioritarios son ser prudentes, adecuar la velocidad, evitar aceleraciones y brusquedades en la frenada, así como hacer uso de las señales acústicas y luminosas.

Las principales técnicas de conducción en las diferentes situaciones climatológicas (lluvia, nieve, hielo, niebla) a destacar son las siguientes: adecuar la velocidad a las condiciones de la vía, dependiendo de cada una de las diferentes situaciones climatológicas; utilizar elementos externos como las cadenas, neumáticos de clavos, etc.; hacer un buen uso de los sistemas de frenado del vehículo; y mantener una óptima visibilidad a través de los diferentes cristales del vehículo.

Conocer el código de colores del cuadro de instrumentos del vehículo previene cualquier tipo de incidencia mecánica, para evitar problemas mayores.

Los tipos de accidente son tres: accidente simples, accidentes con lesionados y accidentes con muertos.

La normativa reguladora vigente se encuentra en Real Decreto 1428/2003, de 21 de noviembre, por el que se aprueba el Reglamento General de Circulación para la aplicación y desarrollo del texto articulado de la Ley sobre tráfico, circulación de vehículos a motor y seguridad vial, aprobado por el Real Decreto

Legislativo 6/2015, de 30 de octubre, por el que se aprueba el texto refundido de la Ley sobre Tráfico, Circulación de Vehículos a Motor y Seguridad Vial.

Los vehículos prioritarios, según el *Real Decreto 1428/2003, de 21 de noviembre,* son los vehículos de servicios de urgencia, públicos o privados: los servicios de policía, extinción de incendios, Protección Civil y salvamento; y los de asistencia sanitaria, pública o privada, que circulen en servicio urgente.

Ejercicios de repaso y autoevaluación

1. En condiciones climatológicas adversas de lluvia, nieve, niebla, hielo, etc., ¿a qué velocidad se debe circular?

    a. A la velocidad máxima permitida para el tipo de vía por la que se circule.
    b. A la velocidad mínima permitida para el tipo de vía por la que se circule.
    c. A la velocidad mínima y precautoria que permita tener siempre el total dominio del vehículo, con atención a la transitabilidad de la vía.
    d. A 50 km/h.

2. ¿Qué medidas ha de tener en cuenta el conductor para mejorar la seguridad en la conducción?

_____
_____
_____
_____

3. Los tipos de accidentes pueden ser:

    a. Accidentes de tráfico con o sin vehículos prioritarios.
    b. Accidentes simple y no simples.
    c. Accidentes simples, con lesionados y con muertos.
    d. Accidentes de tráfico con o sin daños materiales.

4. Según el artículo 68 del Real Decreto 1428/2003, de 21 de noviembre, los vehículos prioritarios son:

    a. Ambulancia, coche del médico y policía.
    b. Ambulancia, Protección Civil y helicóptero.
    c. Ambulancia, Protección Civil, bomberos y policía.
    d. Todas las opciones son incorrectas.

5. Según el Real Decreto Legislativo 6/2015, de 30 de octubre, por el que se aprueba el texto refundido de la Ley sobre Tráfico, Circulación de Vehículos a Motor y Seguridad Vial, los usuarios de las vías que se vean implicados en un accidente de tráfico, lo presencien o tengan conocimiento de él, estarán obligados a:

    a. ... auxiliar o solicitar auxilio para atender a las víctimas, si las hubiere.

    b. ... prestar su colaboración para evitar mayores peligros o daños.

    c. ... señalizar convenientemente el vehículo o el obstáculo creado.

    d. Todas las opciones son correctas.

Capítulo 4

Prevención de riesgos laborales en la evacuación de pacientes

Contenido

1. Introducción

Debido a la gran importancia del nuevo régimen jurídico implantado por la *Ley de Prevención de riesgos laborales,* referida a la seguridad y salud en el trabajo, se hará un acercamiento a dicha ley, contemplando la prevención con que debe actuar el trabajador del transporte sanitario e identificando los riesgos que pueden producirse en el desempeño de su actividad laboral. La medida que se adoptará primordialmente será la individual, siendo esta estudiada a nivel ergonómico, mecánico y biomecánico. También se insistirá en la preparación física diaria para tener un mejor desempeño laboral, cumpliendo con lo dictado en la Ley de Prevención.

En el presente capítulo, además de los contenidos anteriormente nombrados, se hará un acercamiento a la identificación de los riesgos, medidas de autoprotección personal, equipos de protección individual (EPI), fundamento de la ergonomía y mecánica corporal, estructuras óseas y musculares implicadas en el levantamiento de cargas, biomecánica de la columna vertebral y sus elementos principales, técnicas de levantamiento y transporte de cargas y ejercicios de flexibilización y potenciación muscular para prevención de lesiones.

2. Normativa de prevención de riesgos laborales

Como ya se vio en capítulos anteriores, la normativa fundamental sobre la prevención de riesgos para la salud en el entorno de trabajo es la *Ley 31/1995, de 8 de noviembre, de Prevención de Riesgos Laborales.*

 **Recuerde**

La Ley de Prevención de riesgos laborales es el marco de referencia en esta materia.

De esta ley cabe destacar el artículo 30 que regula la protección y prevención de riesgos profesionales al establecer que el empresario deberá designar a uno o varios empleados que se ocupen de la actividad de prevención, o en su defecto, contratar los servicios de una entidad profesional externa. Acerca de los trabajadores que tengan esta responsabilidad, el art. 30 también determina que:

2. *Los trabajadores designados deberán tener la capacidad necesaria, disponer del tiempo y de los medios precisos y ser suficientes en número, teniendo en cuenta el tamaño de la empresa, así como los riesgos a que están expuestos los trabajadores y su distribución en la misma, con el alcance que se determine en las disposiciones a que se refiere la letra e del apartado 1 del artículo 6 de la presente Ley.*

Los trabajadores a que se refiere el párrafo anterior colaborarán entre sí y, en su caso, con los servicios de prevención.

3. *Para la realización de la actividad de prevención, el empresario deberá facilitar a los trabajadores designados el acceso a la información y documentación a que se refieren los artículos 18 y 23 de la presente Ley.*

4. *Los trabajadores designados no podrán sufrir ningún perjuicio derivado de sus actividades de protección y prevención de los riesgos profesionales en la empresa. En ejercicio de esta función, dichos trabajadores gozarán, en particular, de las garantías que para los representantes de los trabajadores establecen las letras a), b) y c) del artículo 68 y el apartado 4 del artículo 56 del texto refundido de la Ley del Estatuto de los Trabajadores.*

Esta garantía alcanzará también a los trabajadores integrantes del servicio de prevención, cuando la empresa decida constituirlo de acuerdo con lo dispuesto en el artículo siguiente.

Los trabajadores a que se refieren los párrafos anteriores deberán guardar sigilo profesional sobre la información relativa a la empresa a la que tuvieran acceso como consecuencia del desempeño de sus funciones.

Asimismo, el art. 30 también indica que el empresario que no contrate el servicio de prevención con una entidad especializada, tendrá que someter su sistema de prevención al control de una evaluación externa.

? Sabía que...

El punto 5 del art. 30 fija que en las empresas de hasta diez trabajadores, el empresario podrá asumir las funciones acerca de la PRL, siempre que desarrolle su actividad de forma habitual en el centro de trabajo y tenga la capacidad necesaria.

Por su parte, el artículo 31 de la misma ley de PRL se refiere a los servicios de prevención y establece:

1. *Si la designación de uno o varios trabajadores fuera insuficiente para la realización de las actividades de prevención, en función del tamaño de la empresa, de los riesgos a que están expuestos los trabajadores o de la peligrosidad de las actividades desarrolladas, con el alcance que se establezca en las disposiciones de la presente Ley, el empresario deberá recurrir a uno o varios servicios de prevención propios o ajenos a la empresa, que colaborarán cuando sea necesario. Para el establecimiento de estos servicios en las Administraciones públicas se tendrá en cuenta su estructura organizativa y la existencia, en su caso, de ámbitos sectoriales y descentralizados.*

2. *Se entenderá como servicio de prevención el conjunto de medios humanos y materiales necesarios para realizar las actividades preventivas a fin de garantizar la adecuada protección de la seguridad y la salud de los trabajadores, asesorando y asistiendo, para ello, al empresario, a los trabajadores y a sus representantes y a los órganos de representación especializados. Para el ejercicio de sus funciones, el empresario deberá facilitar a dicho servicio el acceso a la información y documentación a que se refiere el apartado 3 del artículo anterior.*

3. *Los servicios de prevención deberán estar en condiciones de proporcionar a la empresa el asesoramiento y apoyo que precise en función de los tipos de riesgo en ella existentes y en lo referente al diseño, aplicación y coordinación de los planes y programas de actuación preventiva.*

3. Identificación de los riesgos de la actividad profesional

Los trabajadores, en el desempeño de su actividad profesional, están expuestos a una serie de riesgos que afectan a su seguridad y salud. Los riesgos de la actividad profesional derivada de la atención sanitaria en emergencias comprende múltiples situaciones, dependiendo de distintos factores:

- **Accidentes de tráfico.** Pueden producirse al conducir los vehículos de transporte sanitario en vías saturadas de tráfico denso, con dificultades climatológicas e incluso ser provocados por otros usuarios de la vía.

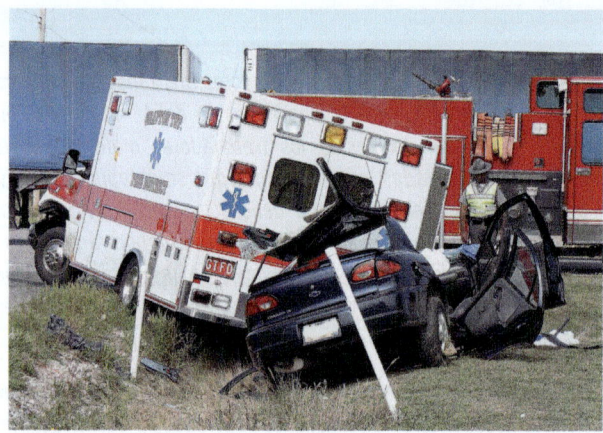

- **Atropellos o golpes con vehículos.** En ocasiones, ha de atenderse a los pacientes en la vía pública y el profesional se expone al tráfico de la calzada y a la aproximación de la propia ambulancia.

- **Caída de objetos** por desplome o desprendidos. Las maniobras rápidas y aceleradas de la ambulancia pueden provocar la caída de material sobre trabajadores y pacientes.

- **Caídas.** Son de dos tipos, a distinto nivel: pueden darse en la subida y bajada de los pacientes de la ambulancia en zonas altas, con escaleras, etc. Las caídas al mismo nivel: suelen ocurrir en zonas de suelo resbaladizo con agua, nieve, hielo, aceite, etc., como consecuencia del acarreo o asistencia a pacientes.

Advertencia de peligro de caída a distinto nivel

Caída al mismo nivel

- **Golpes** y choques contra objetos. Pueden darse al trabajar en el interior de la ambulancia con espacio muy reducido, puertas de armarios o cajones abiertos, etc.

- **Atrapamiento** por o entre objetos. El traslado de pacientes en el interior de la ambulancia no deja mucho espacio y puede provocar atrapamiento por la camilla, la silla de ruedas o el propio material de la ambulancia.

- **Vuelco de maquinaria.** Se puede producir el vuelco de la ambulancia por un accidente de tráfico, las condiciones de la calzada o unas condiciones climatológicas adversas.

- **Cortes** por objetos. Heridas que pueden producirse con el borde de la rampa de la ambulancia al subir un paciente, con el propio material que se esté utilizando dentro de la ambulancia, etc.

- **Contactos térmicos.** Suelen ocurrir al hacer el mantenimiento de la ambulancia (inspección del aceite, el agua de refrigeración, etc.) o durante una avería producida en un servicio.

- **Quemaduras eléctricas.** Se darían por contacto con el equipamiento (enchufes, conexiones, diferenciales, etc.), sobre todo, en las ambulancias de soporte vital, o al intentar manipular los elementos eléctricos del vehículo en caso de avería (batería).

- **Incendios y explosiones.** En el interior de la ambulancia existen equipos (balas de oxígeno, por ejemplo) que por fallos, golpes o encontrarse en mal estado pueden ser altamente inflamables y llegar a provocar una explosión si los equipos eléctricos del interior del vehículo generaran chispas.

- **Exposición a agentes biológicos.** Al estar expuestos a las manchas de fluidos corporales de los pacientes, así como a las enfermedades contagiosas que en su caso puedan tener.

■ **Exposición a agentes químicos.** Puede suceder al manipular los productos de limpieza y desinfección, así como los gases anestésicos.

■ **Ruido.** Provocado por las sirenas de las ambulancias y los propios vehículos de emergencia, las explosiones de los accidentes, etc.

■ **Vibraciones.** Provocadas por la suspensión y el motor de la ambulancia, se transmiten a todo el habitáculo y afectan a la ergonomía de los asientos.

■ Exposición a **radiaciones.** Los conductores de ambulancia están expuestos diariamente a las radiaciones ultravioletas (solares) que se filtran a través de los cristales.

■ **Temperatura.** Al entrar y salir de la ambulancia pueden producirse cambios bruscos de temperatura, sobre todo, cuando las condiciones climatológicas son extremas (mucho calor en verano y mucho frío en invierno).

■ Carga física por **sobreesfuerzos.** Aparecen al adoptar malas posturas en la movilización de pacientes, trabajar en espacios físicos reducidos o incluso llegar a ser provocados por las características fisiológicas de los pacientes.

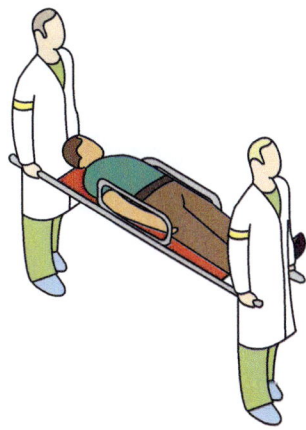

■ **Carga física** por conducción. Puede darse por las posturas sedentarias en la conducción, el número de horas que se permanece sentado en el servicio o cuando debido a un exceso en la carga de trabajo no se descansan los periodos de tiempo prescritos.

■ **Fatiga visual.** Ocurre en el caso de la conducción nocturna (por deslumbramientos, reflejos, etc.), en condiciones atmosféricas que reduzcan la visibilidad (niebla, nieve, lluvia intensa, etc.) o en ciertos momentos del día, por la posición del sol (amanecer y/o atardecer con el sol de cara).

4. Medidas de autoprotección personal. Equipos de protección individual (EPI)

Entre las medidas de autoprotección personal destaca el uniforme de trabajo del equipo sanitario, que tiene que ser visible, evitando colores oscuros, y con zonas reflectantes, para aumentar su visibilidad en lugares oscuros y con poca iluminación. Los complementos, a su vez, también tienen que ser muy visibles y de fácil identificación (brazaletes, guantes y chalecos).

Uniforme de trabajo

Dependiendo de la actividad que se desempeñe, en ciertos momentos el uniforme deberá complementarse con otros equipos de protección individual (EPI).

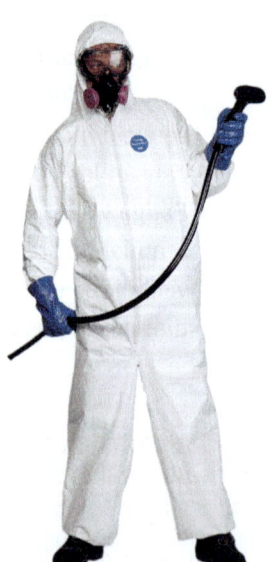

En la estabilización de heridos es imprescindible utilizar guantes de látex, mascarilla y protectores oculares para evitar el contacto con las salpicaduras de fluidos corporales. Cuando hay que descargar pacientes de la ambulancia, de la camilla o silla de ruedas, incluso de su propio domicilio, se utilizarán fajas dorsolumbares para evitar molestias musculares al subir o bajar las escaleras con el peso.

Para las tareas de limpieza de la ambulancia se utilizará ropa de agua, botas y mascarilla.

El técnico usará ropa impermeable para limpiar la ambulancia.

En las tareas de mantenimiento y mecánica se utilizarán guantes protectores y botas con suela antideslizante y puntera reforzada.

Cuando se realicen trabajos de soldadura se utilizarán protectores de cuero en torso y brazos, botas de seguridad y pantalla facial para evitar las quemaduras provocadas por las chispas.

Uniforme para trabajo de soldadura

5. Fundamento de la ergonomía y mecánica corporal

Se da el nombre de ergonomía a la ciencia que estudia los principios de la economía del rendimiento en el cuerpo humano. En este apartado se verán las diferentes áreas y tipos de ergonomías, así como la mecánica corporal, que conforma las reglas de aplicación básica para evitar malestares, fatigas y lesiones en el trabajo.

 Sabía que...

La ergonomía se utiliza principalmente para prevenir riesgos derivados de la carga de trabajo y para implantar el confort.

5.1. Áreas de la ergonomía

Las áreas de la ergonomía se basan en aspectos que, como auxiliar de transporte sanitario, se deben tener en cuenta para evitar posibles lesiones. Estas áreas son: las necesidades específicas, la preventiva, la antropometría, la biomecánica, el diseño y evaluación, la ambiental y la cognitiva.

Todas ayudan a adecuar los puestos y entornos de trabajo minimizando limitaciones y necesidades a fin de optimizar la eficacia, seguridad y confort.

El siguiente esquema muestra de manera general las citadas áreas de la ergonomía:

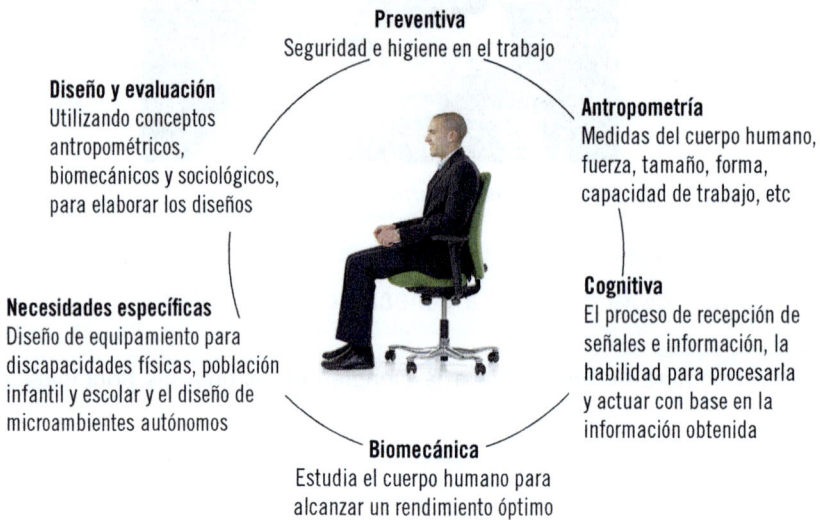

Preventiva
Seguridad e higiene en el trabajo

Diseño y evaluación
Utilizando conceptos antropométricos, biomecánicos y sociológicos, para elaborar los diseños

Antropometría
Medidas del cuerpo humano, fuerza, tamaño, forma, capacidad de trabajo, etc

Cognitiva
El proceso de recepción de señales e información, la habilidad para procesarla y actuar con base en la información obtenida

Necesidades específicas
Diseño de equipamiento para discapacidades físicas, población infantil y escolar y el diseño de microambientes autónomos

Biomecánica
Estudia el cuerpo humano para alcanzar un rendimiento óptimo

5.2. Tipos de ergonomía

La capacidad de adaptación del ser humano es infinita, aunque para realizar cualquier actividad existen unas condiciones óptimas. La labor de la ergonomía es definir cuáles son esas condiciones óptimas para realizar una actividad.

Para que el ser humano pueda desarrollar todo su potencial en el puesto de trabajo, se deben tener en cuenta factores físicos y biológicos, como por ejemplo las vibraciones, el calor, el ruido, etc., además de las posturas correctivas necesarias para evitar problemas o lesiones que puedan ocasionar daños irreparables a la persona en el futuro. Para evitar esos problemas, en los siguientes esquemas se indican los distintos enfoques que un empleado puede encontrar sobre la prevención en su área de trabajo.

El siguiente esquema representa el organigrama de la ergonomía del puesto de trabajo y de sistemas:

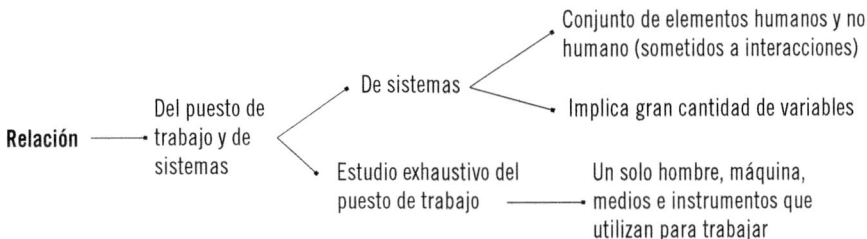

La siguiente tabla define las ergonomías preventiva y correctora:

Preventiva	Correctora
Se aplica cuando el sistema estudiado todavía no existe, busca en buscar diseño óptimo de sistema antes de ponerlo en marcha	Menos eficaz que la anterior, más fácil puesto que se puede apoyar en la observación de errores de un sistema ya realizado

El siguiente esquema describe los conceptos y partes que componen la ergonomía geométrica y la ambiental:

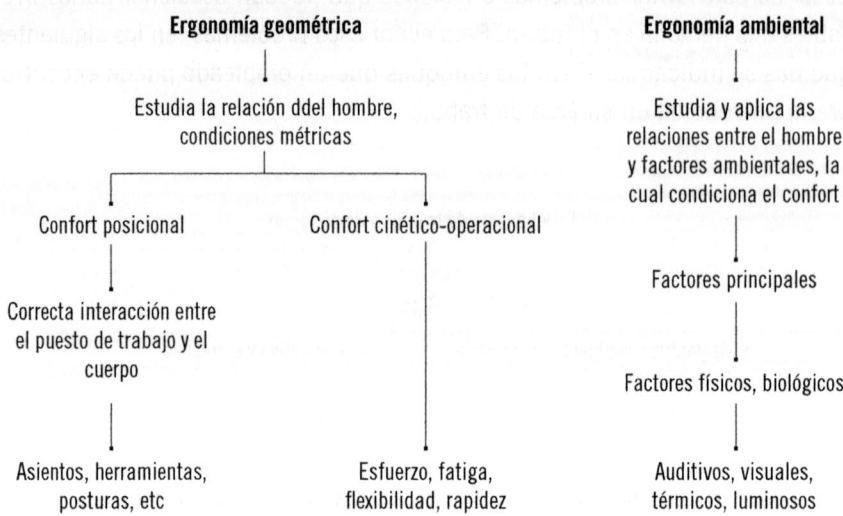

En el esquema de la ergonomía temporal se tienen en cuenta varios factores para ejercer un buen desempeño del trabajo y asegurar el bienestar del trabajador, ayudando a desarrollar un buen potencial:

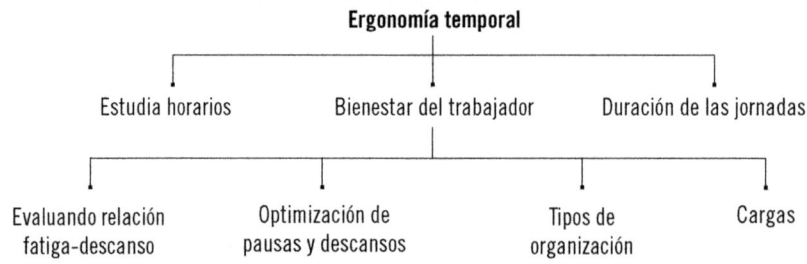

Por último, este esquema muestra los beneficios de la aplicación de la ergonomía en el trabajador:

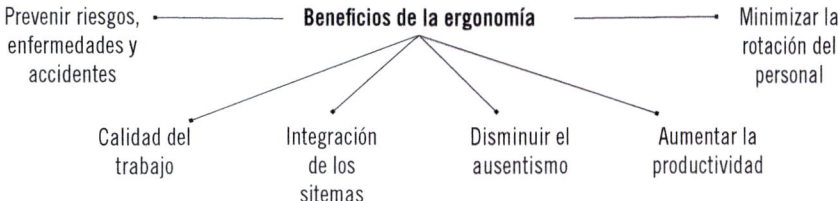

5.3. Fundamento de mecánica corporal

A medida que la experiencia como profesionales sanitarios es mayor, se observa que los trabajadores del área sufren con frecuencia molestias o lesiones de la columna generadas por el quehacer diario. Debido a esto, no se suelen tener en cuenta, pero lo que se debería hacer es tomar conciencia de los daños que puede causar la incorrecta utilización de la mecánica corporal, que puede producir problemas irreversibles, física y laboralmente. El siguiente esquema muestra las técnicas correctas para la aplicación de la mecánica corporal:

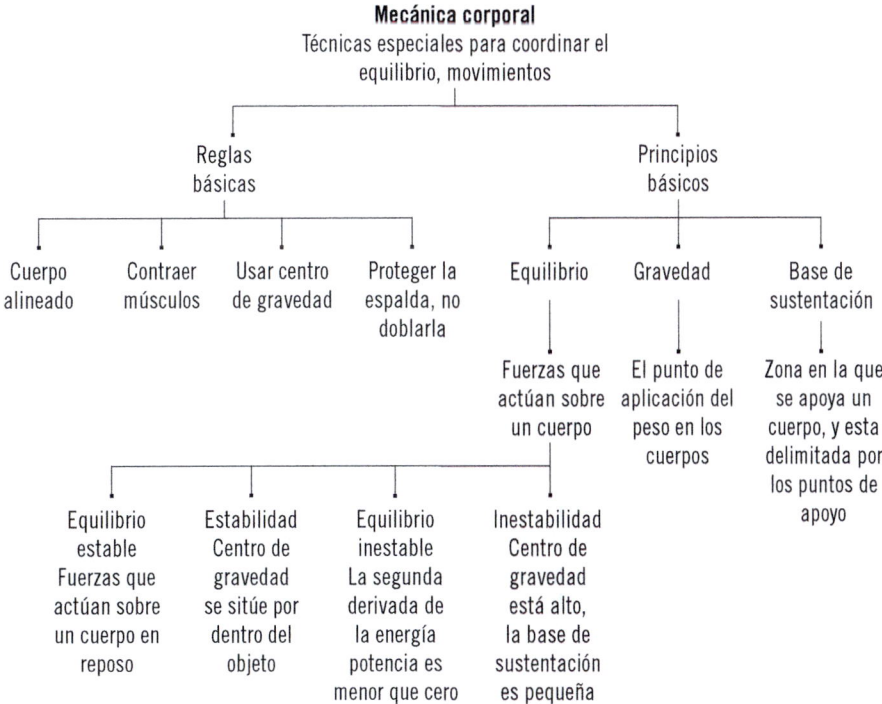

6. Estructuras óseas y musculares implicadas en el levantamiento de cargas

En este apartado se expondrán las partes óseas y musculares más importantes que intervienen en el levantamiento de cargas: la columna vertebral y sus secciones y los músculos implicados en la elevación de cargas.

Columna vertebral

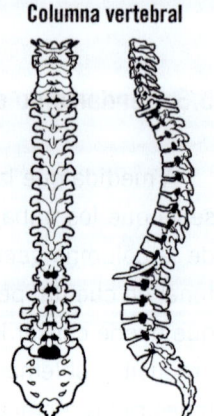

6.1. La columna vertebral

La columna vertebral es una estructura ósea flexible que no es totalmente recta ni rígida.

Cumple las siguientes funciones:

- Proporciona soporte a la parte superior del cuerpo.
- Ofrece protección a la médula espinal, ya que esta es una extensión del sistema nervioso central y es indispensable dicha protección.
- Permite una amplia gama de movimientos.
- Amortigua y absorbe los impactos en los discos intervertebrales a los que la columna está expuesta durante actividades como caminar, correr o saltar.
- Ayuda a distribuir el peso de manera eficiente entre las extremidades inferiores.
- Facilita la postura y el equilibrio contribuyendo a una postura erguida y equilibrada.
- Transporta nervios y señales ya que las raíces nerviosas emergen entre las vértebras y se distribuyen por todo el cuerpo.
- Facilita la conexión entre el tronco y las extremidades inferiores, permitiendo la transmisión de fuerza.
- Participa en la respiración a través de la caja torácica (costillas y esternón) permitiendo el movimiento de estos.

Los discos intervertebrales, por su parte, también tienen doble función:

- Separan las vértebras de la columna vertebral.
- Amortiguan los movimientos que se producen en las vértebras durante las actividades diarias como caminar, hacer ejercicio, saltar, etc., permitiendo la flexión y extensión de las mismas.

Médula espinal y disco vertebral

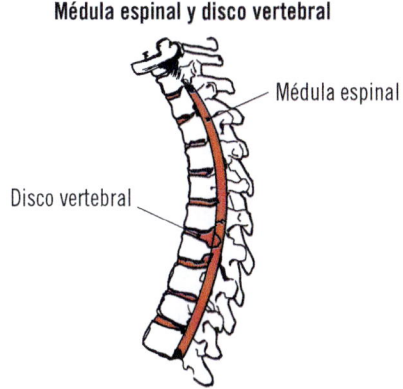

Médula espinal

Disco vertebral

La **columna vertebral está dividida** en varias secciones, denominadas:

- **Vértebras cervicales,** que son 7 y forman el cuello.
- **Vértebras torácicas,** que son 12, comprenden parte del tórax y tienen las costillas unidas a ellas.
- **Vértebras lumbares,** que son 5, ubicadas debajo del último hueso torácico y en la región superior del sacro.
- El **sacro,** que está compuesto por cinco vértebras fusionadas.
- El **cóccix,** que está formado por 3 o 4 pequeñas vértebras fusionadas y forma la última pieza ósea de la columna vertebral.

Los **principales músculos** que intervienen en la postura y en el levantamiento de cargas y por ende los que más se lesionan son:

- **Trapecio:** está ubicado en la región posterior del cuello y del tronco.
- **Extensores dorsales:** son una serie de músculos que están adheridos a lo largo de la columna vertebral, cuya función es flexionar la columna,

descender la última costilla y fijar las demás en el momento de la espiración.

- **Recto abdominal:** es un músculo flexor importante en la columna vertebral y el tronco. Mantiene las vísceras abdominales en su lugar y cuando se contrae aumenta la presión intraabdominal, interviniendo en la micción y defecación.

- **Oblicuo externo abdominal:** su función es deprimir o hundir las costillas y la pared abdominal y flexionar el tronco. Cada vez que el brazo contrario eleva una carga, este músculo conserva el tronco recto.

- **Oblicuo interno abdominal:** contribuye a la espiración, también es flexor y rotador del tórax.

Músculos importantes en la postura

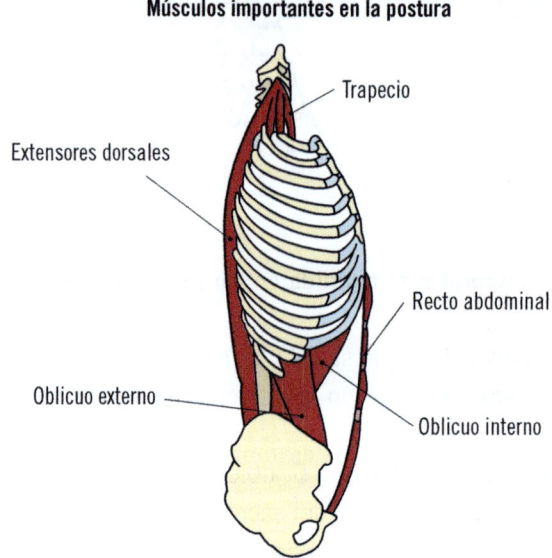

Trapecio

Extensores dorsales

Recto abdominal

Oblicuo externo

Oblicuo interno

7. Biomecánica de la columna vertebral y sus elementos principales

La biomecánica de la columna vertebral es algo compleja, ya que no solo intervienen las estructuras óseas y musculares, sino también la física, que explicará la importancia del segmento de movimiento, la cinemática, cinética, la posición de pie y los diferentes movimientos de la columna vertebral.

7.1. Segmento de movimiento

Es la unidad funcional esencial de la columna vertebral. Lo conforman dos vértebras y está unido por tejidos blandos.

La parte anterior tiene dos cuerpos vertebrales, el disco intervertebral y los ligamentos longitudinales. La parte posterior consta de arcos vertebrales, articulaciones intervertebrales, las apófisis transversas y espinosas y los ligamentos.

Corte de la parte posterior de la vértebra

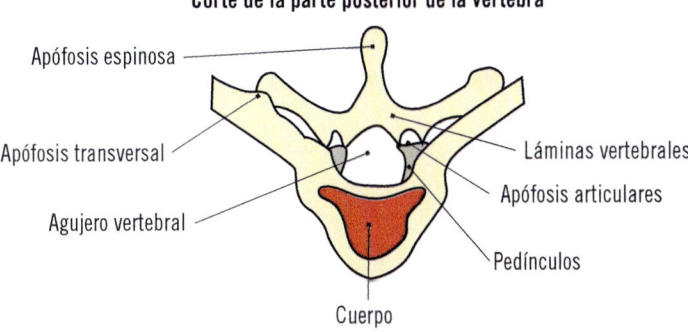

Disco invertebral
Estructura situada entre dos vértebras tanto a altura cervical como dorsal y lumbar. Su función es amortiguar las cargas y estabilizar el movimiento entre dos vértebras.

A medida que se desciende por la columna vertebral, los cuerpos vertebrales se tornan de mayor tamaño. Esto se debe al aumento gradual en el peso corporal que estos deben sostener.

Cada movimiento de flexión anterior, lateral y de extensión hace que se aumente el esfuerzo de tensión y compresión en los discos intervertebrales.

Por otro lado, en los movimientos de rotación los esfuerzos son cortantes. El disco normal, además de servir como amortiguador, ahorra energía y divide las cargas; y esta última distribución se realiza de manera conjunta con las carillas articulares de las vértebras. Con el paso del tiempo, el disco pierde elasticidad, capacidad de almacenamiento y ahorro de energía y la coordinación para distribuir las cargas y dividir los esfuerzos.

 Sabía que...

Al forzar la columna vertebral en un movimiento brusco se puede ocasionar una hernia discal, que incapacita al trabajador incluso por varias semanas.

7.2. Cinemática

Se encarga del movimiento de la columna vertebral. Este se efectúa mediante la coordinación de dos sistemas: uno llamado sistema neuromuscular agonista, que es el que provoca el movimiento; y el otro antagonista, que es el que controla ese movimiento. El grado de movilidad variará en función de la orientación de las carillas auriculares que hay en cada zona. La caja torácica limita la movilidad en la región dorsal.

7.3. Cinética

Es la energía que surge del movimiento de un cuerpo. En el caso de la columna vertebral, las cargas que actúan son las producidas por el peso del cuerpo, la actividad muscular y a las acciones externas.

La estática analiza las cargas que actúan sobre la columna y estudia el equilibrio de la fuerza, que varía dependiendo de la posición del cuerpo.

La dinámica estudia todas las cargas que actúan sobre la columna durante cualquier tipo de movimiento.

7.4. Posición de pie

Cuando se está un tiempo prolongado de pie, la musculatura postural no deja de cumplir su función. Los músculos erectores de la columna y los abdominales siempre se encuentran activos para conservar la posición recta del tronco.

7.5. Principales movimientos de la columna vertebral

La columna vertebral tiene una amplia gama de movimientos, no solo de extensión y flexión, sino también rotatorios o giratorios y de reducción. Estos hacen que el cuerpo humano adquiera mayor flexibilidad, siempre dependiendo de cuan a menudo se realicen ejercicios de fortalecimiento y mantenimiento de los músculos que actúan en estos movimientos.

Los diferentes movimientos de la columna vertebral son:

- Flexión de la columna vertebral.
- Extensión de la columna vertebral.
- Inclinación lateral (izquierda o derecha).
- Rotación de la columna vertebral (izquierda o derecha).
- Reducción.
- Protrusión y retracción, hacia adelante de cuello, hacia atrás del cuello y en regiones que permiten la protrusión y retracción, especialmente en la columna vertebral.
- Curvaturas naturales de movimientos posturales.

Flexión de la columna vertebral

Se hace mediante un movimiento anterior de la columna vertebral. Si se observa en la región lumbar, el tórax se mueve hacia la pelvis.

Flexión y extensión de la columna vertebral

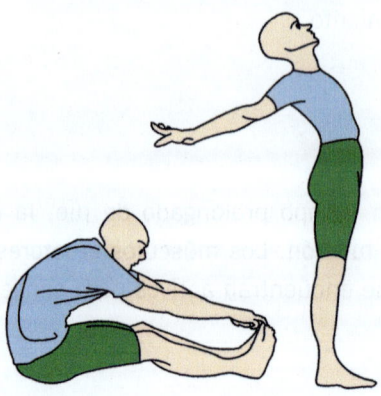

Extensión de la columna vertebral

Se reincorpora de la flexión. En la zona cervical, la cabeza se separa del tórax y en la zona lumbar el tórax se separa de la pelvis.

Inclinación lateral (izquierda o derecha)

También se le da el nombre de flexión lateral. La cabeza realiza un movimiento lateral hacia los hombros y el tórax se desplaza de manera lateral hacia la pelvis.

Rotación de la columna vertebral (izquierda o derecha)

Se efectúa un movimiento en forma de círculo de la columna vertebral siempre en un eje horizontal. El mentón adoptará una postura imparcial hacia los hombros y el tórax girará hacia un lado.

Movimiento de rotación

Reducción

Este movimiento se realiza cuando se reincorpora desde una flexión lateral a una posición neutra.

Sabía que...

Al iniciar la jornada laboral se deben realizar los ejercicios de calentamiento y estiramiento. Estos solo tardarán de 5 a 10 min.

8. Técnicas de levantamiento y transporte de cargas

Los métodos o técnicas para el levantamiento y transporte de cargas son fundamentales a la hora de prevenir cualquier tipo de lesión. En riesgos laborales, la región corporal más lesionada por la inadecuada aplicación de estas técnicas, es la columna vertebral.

En el transporte de cargas se aplica el esfuerzo humano de manera directa (al levantar o colocar una carga) e indirecta (al trasladar o mover una carga).

A continuación, se darán unas indicaciones breves y concisas sobre los métodos más adecuados para realizar estas tareas minimizando los riesgos.

8.1. Método para levantamiento de carga

Como norma primordial y específica siempre se manipularán las cargas cerca del cuerpo, aproximadamente a la altura de los codos y los nudillos, para minimizar la presión en la región lumbar.

Alzar y trasladar pacientes, cajas, carritos de medicamentos, etc. es bastante frecuente, por lo que siempre se debe hacer un descanso o como mínimo reducir el ritmo de trabajo cada cierto tiempo.

En la **planificación del levantamiento** hay que observar lo siguiente:

- Se debe tener en cuenta que existen ayudas mecánicas, que son buenas aliadas a la hora de disminuir el esfuerzo en el levantamiento de la carga.
- Se debe saber cuál será la ruta de la carga y apartar cualquier objeto que pueda ocasionar un tropezón o caída, y no olvidar que se debe estar vestido adecuada y cómodamente.
- Evitar extender los brazos más de 50 cm por delante del cuerpo.
- Atender a las etiquetas con los posibles riesgos que pueda tener la carga, por ejemplo, material corrosivo, líquido, delicado, etc.
- Si no viene etiquetada, se debe observar con cuidado e identificar la forma, tamaño, zona de sujeción, etc. y alzar primero de un solo lado para calcular su posible peso. Recordar que siempre será más fácil arrastrar, rodar o empujar que levantar.
- Si el peso es demasiado para una sola persona, se debe solicitar ayuda a otra persona o apoyo mecánico.

Sabía que...

La lumbalgia se caracteriza por un dolor intenso en la región baja de la espalda, causada por utilizar inadecuadamente las técnicas de movilización en el transporte de cargas.

Para saber **cómo colocar los pies** hay que seguir los siguientes pasos:

■ Deben estar separados unos 30 cm aproximadamente para brindar una postura corporal equilibrada y estable al realizar el levantamiento.
■ Deben estar lo más próximos posible a la carga y un pie debe colocarse más adelantado que el otro, siempre en la dirección del movimiento.

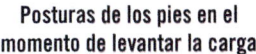

Posturas de los pies en el momento de levantar la carga

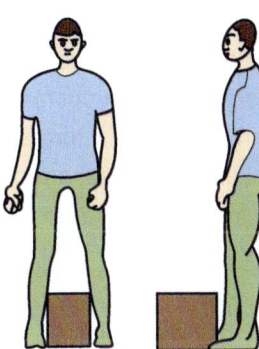

Para saber **cómo adoptar la postura de levantamiento** hay que tener en cuenta lo siguiente:

■ Frente a la carga y totalmente recto, se debe agachar y flexionar un poco las rodillas (no demasiado). La espalda debe estar recta y la barbilla metida.

- Siempre se debe tener presente no rotar bruscamente el tronco y no hacer esfuerzos añadidos o adoptar posturas forzadas. Girar siempre con los pies.

Posturas corporales adecuada e inadecuada

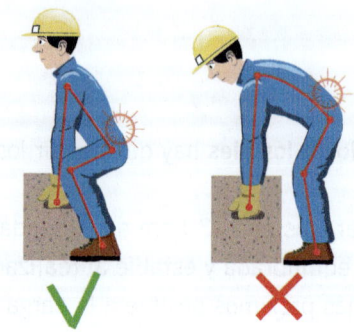

Hay que **sujetar la carga de una manera segura,** teniendo en cuenta lo siguiente:

- Agarrar firmemente la carga con las dos manos, flexionar los codos y siempre apoyar la carga contra el cuerpo.
- Si se cansa, es bueno cambiar la forma del agarre, haciéndolo de una manera suave o apoyando la carga, sin olvidar que este tipo de cambio incrementa las posibilidades de riesgos de lesión.

Carga apoyada en el cuerpo de manera
incorrecta y de forma correcta

Es importante **levantar la carga con suavidad,** teniendo en cuenta lo siguiente:

- Al levantarse debe hacerse de una manera muy suave por extensión de las piernas y no olvidar mantener la espalda recta alineada con el cuerpo. La carga no se debe halar, ni trasladar de manera brusca y rápida.
- Tratar de utilizar los músculos de mayor potencia como los de las piernas y los muslos, nunca utilizar los músculos de la espalda y aprovechar el impulso.

 Nota

Para el traslado de pacientes se utilizan las mismas técnicas de carga, aunque deben adaptarse al tipo de camilla o traslado que se vaya a realizar.

Para **depositar la carga** hay que tener en cuenta lo siguiente:

- Si se ha levantado la carga desde el suelo para dejarla en un estante, repisa o armario alto, se debe apoyar la carga a medio camino y modificar el agarre.
- Ya hecho lo anterior, primero se debe dejar la carga y luego se podrá ajustar si se requiere.
- El levantamiento se debe hacer pausadamente, sin prisas ni brusquedades.

Los tres pasos del levantamiento de carga

 Aplicación práctica

En un servicio de emergencia que usted atiende, el médico decide trasladar al paciente al hospital para que reciba el tratamiento correspondiente. Después de levantar al paciente y acomodarlo en la camilla, ¿qué pasos seguirá para introducir la camilla en el vehículo manteniendo una postura correcta?

SOLUCIÓN

▮ Proporcionarse una amplia base de apoyo con los pies separados y uno ligeramente delante del otro.
▮ Colocar correctamente el pie adelantado hacia donde debe hacerse el giro para no hacerlo en la columna.
▮ Mantener la espalda recta y ligeramente inclinada hacia adelante, flexionar las piernas.
▮ Aprovechar la fuerza de la gravedad y no trabajar en contra de ella.
▮ Siempre que sea posible, utilizar ayudas mecánicas o el auxilio de compañeros.
▮ Empujar, reduciendo al mínimo el roce entre el cuerpo del enfermo y la superficie por donde se mueve.
▮ Levantar, girar los pies y avanzar hacia el vehículo. Luego, doblar las rodillas y apoyar los brazos en las mismas con movimientos suaves y simultáneos para dar seguridad al enfermo y evitar que se asuste.

9. Ejercicios de flexibilización y potenciación muscular para prevención de lesiones

La realización de ejercicios es importante para evitar y prevenir lesiones, ya que facilita el fortalecimiento de los músculos que intervienen en cualquier tipo de levantamiento o transporte de carga o pacientes. Por esta razón es fundamental realizar ejercicios de calentamiento y estiramiento antes de iniciar la jornada laboral. El tiempo invertido será como máximo de 10 minutos y no se necesitará una sala especializada para realizarlos.

Los ejercicios se describen a continuación.

9.1. Ejercicios de calentamiento

Se realizarán antes de iniciar la jornada laboral durante aproximadamente 5 min.

Estos ejercicios deben efectuarse de tal manera que la tensión sea mínima en las articulaciones.

Los movimientos deben hacerse despacio y con suavidad. Cada ejercicio se repetirá de 5 a 10 veces.

Calentamiento de:	Ilustración
Brazos y piernas - Subir y bajar los brazos y las piernas en sentido contrario sin moverse del sitio (como una marcha exagerada). - El talón siempre debe tocar el suelo. - Tiempo invertido entre 2-3 min.	
Cabeza - Realizar movimientos de la cabeza de manera lenta y suave. - Arriba y abajo. - Derecha e izquierda. - Hacia los lados.	

Continúa en página siguiente >>

<< Viene de página anterior

Calentamiento de:	Ilustración
Brazos y manos - Hacer círculos con los brazos. - Extender los dos brazos a cada lado y cerrarlos en forma de abrazo. - Estirar los brazos hacia delante, doblarlos por los codos y llevar las manos hacia los hombros. - Con los brazos estirados, girar las palmas de las manos hacia arriba y hacia abajo. - Abrir y cerrar las manos.	
Espalda - Separar ligeramente las piernas y situar las manos en la cintura. - Girar suavemente hacia la derecha y hacia la izquierda. - Inclinar la espalda hacia la derecha y la izquierda. - Por último mover la espalda hacia delante y hacia atrás.	

9.2. Ejercicios de estiramiento

Estos ejercicios se deben realizar tras los ejercicios de calentamiento y/o al terminar la jornada laboral, aprovechando que los músculos están calientes. Su duración será aproximadamente de 5 a 10 min.

El estiramiento de cualquier músculo debe ser suave y progresivo, manteniendo el estiramiento de 10 a 15 s. Cada ejercicio se repite 2 o 3 veces.

Estiramientos de:	Ilustración
Rodilla al pecho - Doblar una rodilla, elevarla hacia el pecho y sostenerla con una mano, apoyando la otra mano en la pared para no perder el equilibrio si es necesario. - Conservar la postura 15 s y cambiar de pierna. - Repetir el ejercicio 3 veces con cada pierna.	

Continúa en página siguiente >>

<< Viene de página anterior

Estiramientos de:	Ilustración
Caderas - Colocar un pie delante del otro. - Flexionar suavemente la rodilla de la pierna adelantada conservando el pie de atrás apoyado en el suelo. - Mantener esta posición 20 s y cambiar de pierna. - Repetir 3 veces con cada pierna.	
Muslos - Doblar la pierna por la rodilla y sujetar el tobillo con la mano contraria, apoyando la otra mano en la pared para no perder el equilibrio, si es necesario. - Mantener la espalda siempre recta. - Mantener la posición 20 s y cambiar de pierna. - Repetir 3 veces con cada pierna.	
Espalda - lumbar - En posición de pie y firme, flexionar suavemente la espalda hacia atrás. - Mantener la posición 15 s. - Repetir 3 veces.	
Brazos y hombros - Cruzar los dos brazos por detrás de la cabeza. - Ladear la espalda hacia la derecha durante 15 s y luego hacia la izquierda. - Repetir el ejercicio 3 veces por cada lado.	

Recuerde

Los movimientos siempre debes ser ligeros y suaves, no bruscos y rápidos. Estos pueden ocasionar lesiones graves.

Aplicación práctica

Usted se encuentra hoy de guardia y al realizar la revisión diaria de la ambulancia observa que los insumos no están completos. En el almacén le entregan: 1 caja de guantes, 1 tubo o bala de oxígeno y 1 desfibrilador. ¿Qué aspectos tendrá en cuenta para levantar dicha carga?

SOLUCIÓN

I Planificación del levantamiento.
I Colocación de los pies: algo separados y uno más adelantado.
I Adopción de postura de levantamiento: espalda y rodillas ligeramente flexionadas.
I Sujeción de la carga de una manera segura.
I Levantamiento de la carga suavemente.
I Depositar la carga adecuadamente.

10. Resumen

La *Ley 31/1995, de Prevención de riesgos laborales,* regula las medidas preventivas para evitar posibles accidentes que pueden ocurrir en el puesto de trabajo. El cumplimiento de estas normas proporciona un entorno de trabajo seguro y saludable que contribuye al desempeño de las funciones de cada trabajador de una manera eficaz y efectiva, minimizando los riesgos y aumentando la calidad del servicio.

La ergonomía, que es la ciencia que estudia la economía del rendimiento en el cuerpo humano, se estructura en las siguientes áreas: necesidades específicas, preventiva, antropometría, biomecánica, diseño y evaluación, ambiental y cognitiva. Todas ayudan a adecuar los puestos y entornos de trabajo, limitaciones y necesidades a fin de optimizar la eficacia, seguridad y confort.

La columna vertebral está dividida en varias secciones: vértebras cervicales, torácicas, lumbares, sacro y cóccix.

Los músculos principales que intervienen en la postura son: el trapecio, los extensores dorsales, recto abdominal, oblicuo externo abdominal y oblicuo interno abdominal.

Los principales movimientos de la columna vertebral son flexión, extensión, inclinación lateral, rotación y reducción.

Como norma general, siempre que se requiera levantar una carga se deben seguir los siguientes pasos: planificación del levantamiento, colocación de los pies, postura de levantamiento, sujeción de la carga de una manera segura, levantamiento y depósito de la carga.

Los ejercicios de calentamiento y estiramiento que se deben realizar para evitar lesiones no ocuparán más de 10 minutos. Se inician con los de calentamiento y finalizan con los de estiramiento.

Ejercicios de repaso y autoevaluación

1. **Indique cuál de las siguientes es la Ley de Prevención de riesgos laborales:**

    a. Ley 31 /1995, de 18 de noviembre.
    b. Ley 30 /1995, de 8 de noviembre.
    c. Ley 31 /1995, de 8 de noviembre.
    d. Ley 30 /1995, de 28 de noviembre.

2. **La función de vigilancia y control sobre el cumplimiento de la normativa de prevención de riesgos laborales corresponde a:**

    a. Recientemente, al órgano de seguimiento de cada comunidad autónoma.
    b. Inspección de Trabajo y Seguridad Social.
    c. Consejería de Trabajo y Asuntos Sociales.
    d. Comisión de Vigilancia y Control del Instituto Nacional de Seguridad e Higiene.

3. **La posibilidad de que un trabajador sufra un determinado daño en el trabajo se denomina:**

    a. Peligro.
    b. Riesgo laboral.
    c. Lesión laboral probable.
    d. Riesgo potencial.

4. **La ergonomía tiene como principal objetivo...**

    a. ... adecuar la persona a las condiciones de trabajo que realiza, con el fin de evitar o disminuir los factores de riesgo.
    b. ... adaptar el puesto de trabajo a la persona, reduciendo los efectos negativos sobre la salud del trabajador.
    c. ... acomodar la persona a su puesto de trabajo, para disminuir la influencia significativa de las condiciones adversas de seguridad y salud.
    d. ... acondicionar el entorno de trabajo a la persona, exceptuando la elección de equipos de trabajo adecuados, así como los métodos de producción.

5. La columna vertebral puede realizar múltiples movimientos, como...

    a. ... flexión, extensión, inclinación derecha e izquierda, rotación y reducción de la columna vertebral.

    b. ... inclinación lateral solo a la izquierda, rotación solo a la derecha, flexión y extensión.

    c. ... los únicos movimientos que realiza la columna vertebral son de flexión, extensión y reducción.

    d. ... los únicos movimientos que realiza la columna vertebral son de flexión y reducción.

6. Al levantar y transportar una carga, usted debe...

    a. ... extender los brazos más de 50 cm para transportar la carga.

    b. ... hacer primero ejercicios de estiramiento y después de calentamiento.

    c. ... la carga siempre debe ir apoyada contra su cuerpo.

    d. ... al levantar la carga a un estante, hacerlo en un solo movimiento rápido y fuerte.

7. Explique cada una de las secciones en que se divide la columna vertebral.

_____

_____

_____

_____

Bibliografía

Monografías

ÁLVAREZ Leiva, C., SERRANO Bermejo, H. y MACÍAS, Seda, J.: *Soporte vital avanzado al paciente atrapado. Puesta al día en urgencia, emergencias y catástrofes.* Sevilla: SAMU, 1999.

AYUSO Baptista, F., RUIZ Madruga, M. y CARAVACA Caballero, A.: *Protocolos de actuación del técnico en emergencias sanitarias (II).* Asistenciales. Madrid: Arán, 2010.

CÁNOVAS, E.: *Manual de primeros auxilios.* Madrid: Fraternidad, 1998.

CHAPLEAU, W. y PONS, P.: *Técnico en emergencias sanitarias.* Barcelona: Elsevier, 2008.

COMÍN, E. [et al.]: *Guía práctica de primeros auxilios en la empresa.* Maz, Servicio de Prevención, 2002.

CORTÉS Díaz, J. M.: *Técnicas de prevención de riesgos laborales. Seguridad e higiene del trabajo.* Madrid: Ed. Tébar, 2012.

DOTTE, P.: *Método de movilización de los pacientes.* Barcelona: Elsevier Masson, 2014.

DOTTE, P.: *Método de manutención manual de los enfermos.* Barcelona: Masson, 2005.

| GUINOT García, M.: *Técnicas de inmovilización, movilización y traslado del paciente. Técnicas de soporte vital básico. Comunicaciones y seguridad vial.* Vigo: Ideas Propias, 2014.

| MOLTÓ Meana, J. y PONCE Montes, F. J.: *Minimanual práctico en transporte sanitario.* Madrid: Arán, 2008.

| MUÑOZ Poblete, C., VANEGAS López, J., & MARCHETTI Pareto, N.: *Factores de riesgo ergonómico y su relación con dolor musculoesquelético de columna vertebral: basado en la primera encuesta nacional de condiciones de empleo, equidad, trabajo, salud y calidad de vida de los trabajadores y trabajadoras en Chile.* Chile: ENETS, 2012.

| PÉREZ Salvador, P. y CAMPUZANO Fernández, J. A.: *Manual de técnicos de transporte sanitario.* Madrid: Arán, 2009.

| RAMÍREZ Plaza, S. P. [et al.]: *Movilización del paciente.* Málaga: Vértice, 2011.

| VV. AA.: *Guía práctica de prevención de riesgos laborales.* ACARL, 2001.

Textos electrónicos, bases de datos y programas informáticos

| Fundación para la Prevención de Riesgos Laborales, de: <http://www.funprl.es>.

| Grupo Universitario de Investigación Analítica de Riesgos, de: <http://www.unizar.es/guiar>.

| Guía de técnicas de rescate en vehículos, de: <http://es.scribd.com>.

| Instituto Nacional de Seguridad y Salud en el Trabajo, de: <http://www.insst.es>.

| Ley de tráfico, Dirección General de Tráfico, de: <http://www.dgt.es>.

| Ministerio de Trabajo y Economía Social, de: <https://www.mites.gob.es/>.

▌Portal Prevención de Riesgos Laborales y Salud Laboral. Junta de Castilla y León, de: <http://www.trabajoyprevencion.jcyl.es/>.

▌Técnicas de movilización de pacientes, de: <http://www.auxiliar-enfermeria.com>.